图解《高速铁路接触网安全工作规则》

张 志 王 涛 编绘

中国铁道出版社有限公司

2020年·北 京

内 容 简 介

本书以图解形式系统地介绍了《高速铁路接触网安全工作规则》，图文并茂地展现了规则单行本的全部内容。

本书可供从事接触网运行和检修的工人、工程技术人员和有关管理人员学习使用，也可供有关安全监察人员参考。

图书在版编目（CIP）数据

图解《高速铁路接触网安全工作规则》/ 张志，王涛编绘 .— 北京：中国铁道出版社有限公司，2020.9

ISBN 978-7-113-27192-3

Ⅰ. ①图…　Ⅱ. ①张…②王…　Ⅲ. ①高速铁路－接触网－安全管理－图解　Ⅳ. ① U238-4 ② U225-64

中国版本图书馆 CIP 数据核字（2020）第 155824 号

书　　名：图解《高速铁路接触网安全工作规则》
作　　者：张　志　王　涛

责任编辑：孙　楠　编辑部电话：(010) 51892546　电子信箱：tdpress@126.com
编辑助理：魏　娟
图片编辑：王明柱
封面设计：郑春鹏
责任校对：孙　玫
责任印制：高春晓

出版发行：中国铁道出版社有限公司（100054，北京市西城区右安门西街 8 号）
网　　址：http：//www.tdpress.com
印　　刷：国铁印务有限公司
版　　次：2020 年 9 月第 1 版　2020 年 9 月第 1 次印刷
开　　本：850 mm × 1 168 mm 1/32　印张：4.125　字数：109 千
书　　号：ISBN 978-7-113-27192-3
定　　价：22.00 元

前　言

《高速铁路接触网安全工作规则》是为确保高速铁路接触网运行和检修工作中人身、行车和设备安全制定的。该规则是在总结普速（含提速）和高速铁路接触网安全生产管理基础上编制而成。

本书由中国铁路北京局集团有限公司石家庄供电段张志、王涛以图解形式进行编绘，力求深入浅出、图文并茂，结合现场生产一线实际工作实践，是一本通俗、实用性强和有新意的科普图书。

本书在编写过程中得到了石家庄供电段领导及有关专家的大力支持和热情帮助，在此一并感谢。

由于编者水平有限，书中不足之处在所难免，恳请读者批评指正。

编者

2020 年 5 月

目 录

第一章　总　　则

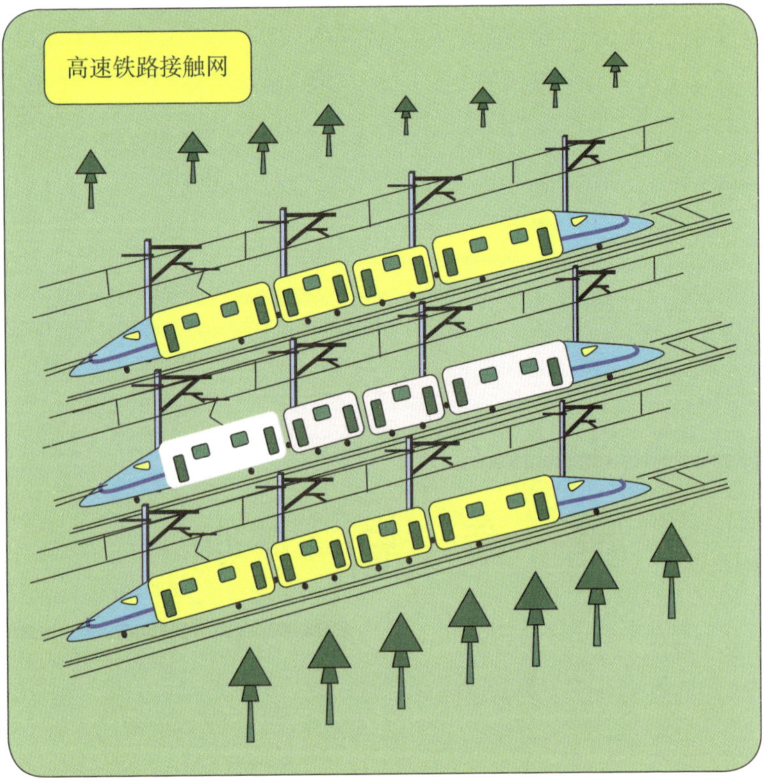

第一条 在高速铁路接触网运行和检修工作中，为确保人身、行车和设备安全，特制定本规则。

第二条 从事高速铁路接触网工作各单位（包括高速铁路接触网设备管理、维修和从事高速铁路接触网施工的单位，下同）应经常进行安全技术教育，组织有关人员认真培训和学习本规则，切实贯彻执行本规则的各项规定。

第三条 各级管理部门应建立健全各岗位责任制，抓好各管理岗位、作业岗位基础工作，依靠科技进步，积极采用新技术、新工艺、新材料，不断提高和改善高速铁路接触网的安全工作和装备水平，确保人身和设备安全。

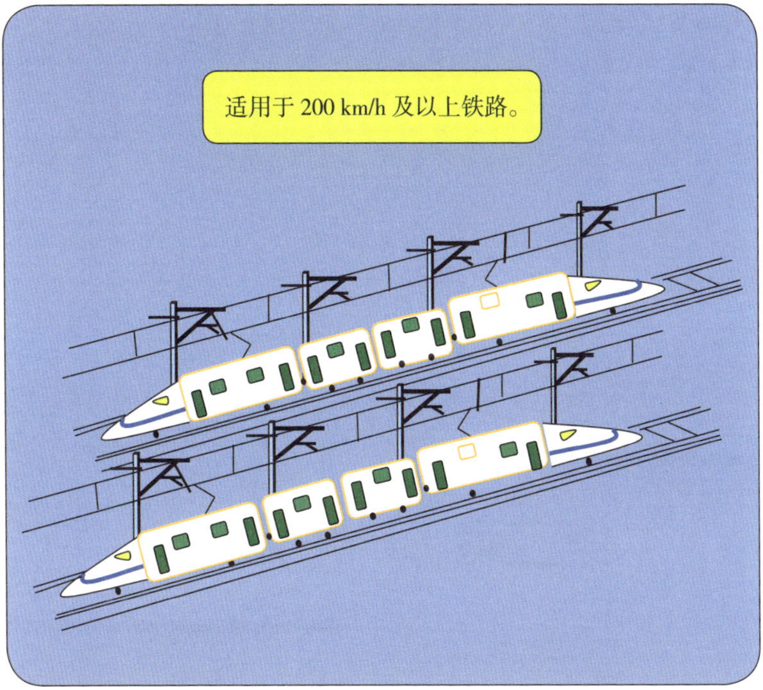

第四条　本规则适用于200 km/h及以上铁路和200 km/h以下仅运行动车组列车（含相关联络线和动车走行线）铁路接触网的安全运行和检修工作。各铁路局（公司）可根据本规则规定的内容，结合具体情况制定细则，并报铁路总公司核备。

第二章　一般规定

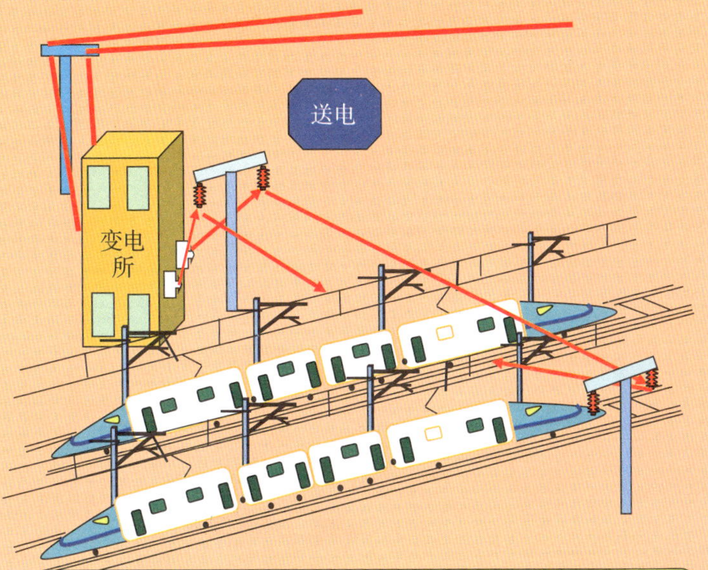

高速铁路接触网设备，自第一次受电开始即认定为带电设备。

第五条 高速铁路（含 200 km/h 及以上铁路、200 km/h 以下仅运行动车组列车铁路及相关联络线和动车走行线，下同）所有的接触网设备，自第一次受电开始即认定为带电设备。之后，接触网上的一切作业，必须按本规则的规定严格执行。

铁路防护栅栏内进行的接触网作业，必须在上下行线路同时封锁，或本线封锁、邻线限速 160 km/h 及以下条件下进行。

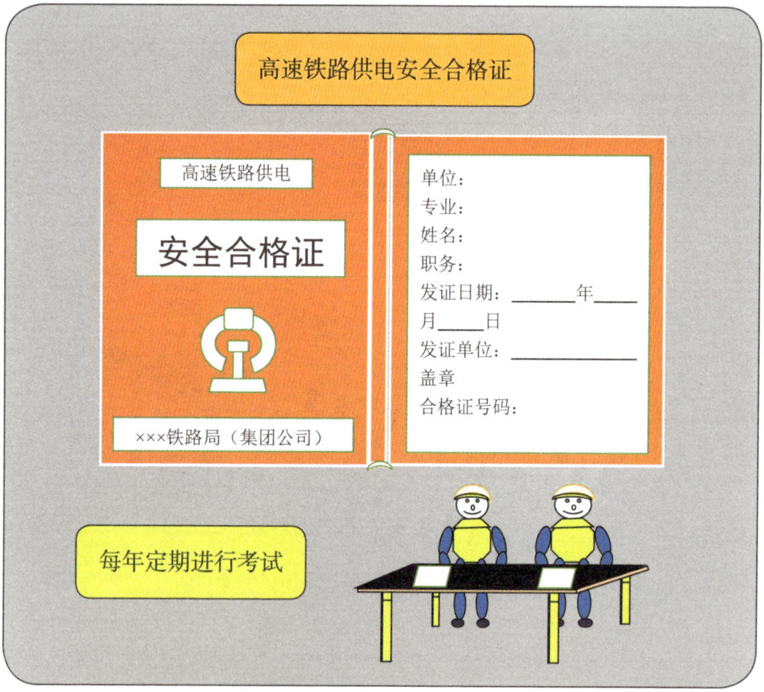

第六条 从事高速铁路接触网运行和检修工作的人员，实行安全等级制度，经过考试评定安全等级，取得《高速铁路供电安全合格证》之后，方准参加与所取得的安全等级相适应的工作。每年定期按要求进行一次安全考试并签发《高速铁路供电安全合格证》。

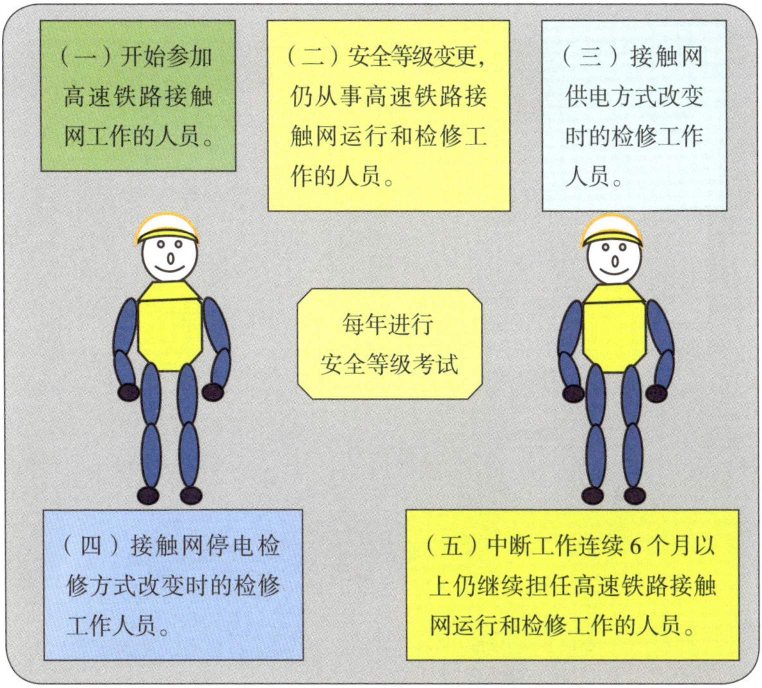

第七条　各单位除按第六条规定组织从事高速铁路接触网运行和检修工作的有关现职人员每年进行一次安全等级考试外，对属于下列情形的人员，还应在上岗前进行安全等级考试：

（一）开始参加高速铁路接触网工作的人员。

（二）安全等级变更，仍从事高速铁路接触网运行和检修工作的人员。

（三）接触网供电方式改变时的检修工作人员。

（四）接触网停电检修方式改变时的检修工作人员。

（五）中断工作连续 6 个月以上仍继续担任高速铁路接触网运行和检修工作的人员。

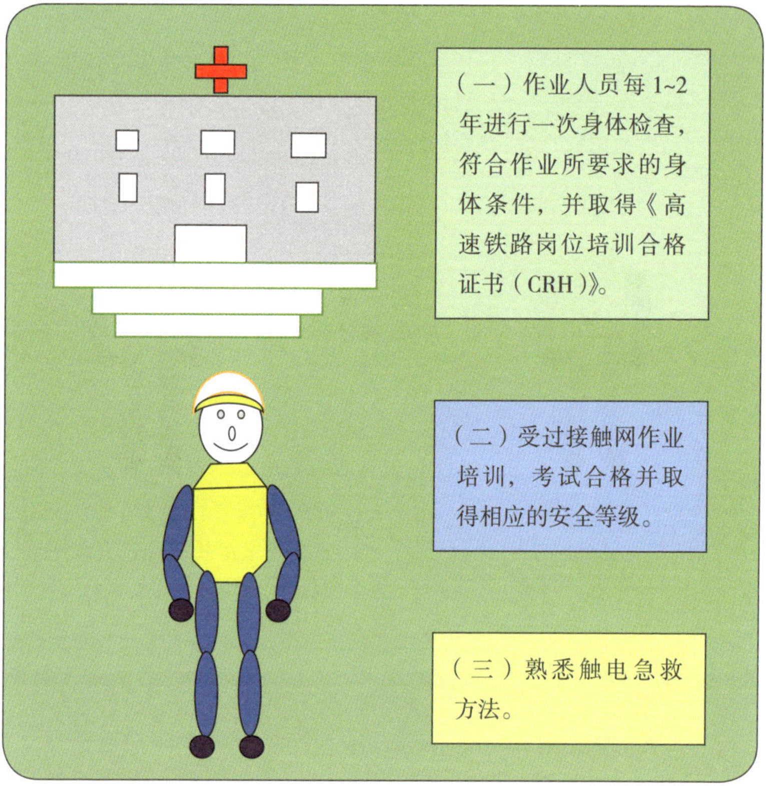

第八条 参加高速铁路接触网作业人员应符合下列条件：

（一）作业人员符合岗位标准要求，1~2 年进行一次身体检查，符合作业所要求的身体条件，并取得《高速铁路岗位培训合格证书（CRH）》。

（二）经过高速铁路接触网作业安全培训，考试合格并取得相应的安全等级。

（三）熟悉触电急救方法。

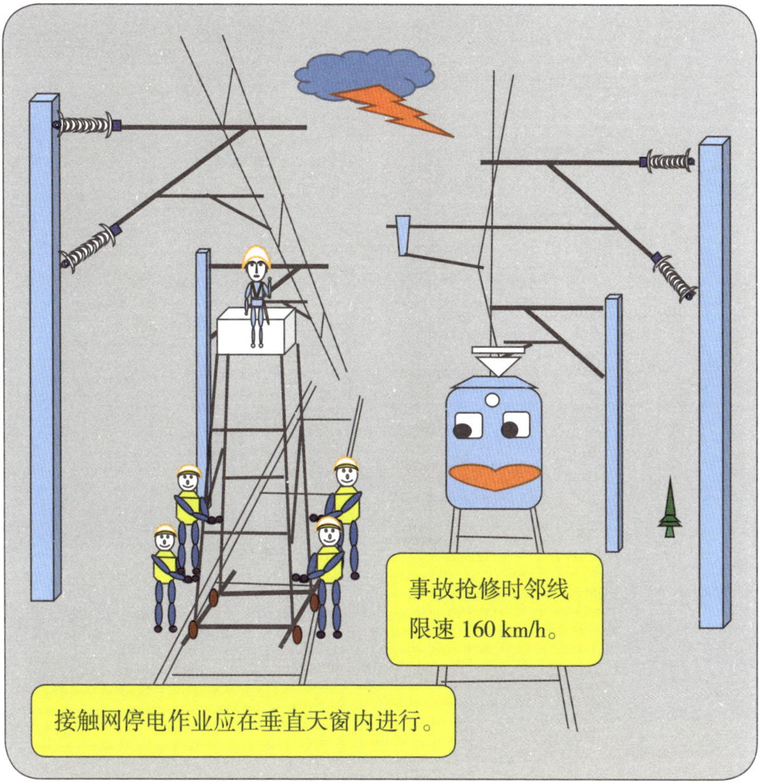

第九条 进入铁路防护栅栏内进行的接触网停电作业，一般应在上、下行线路同时停电及封锁的垂直天窗内进行。

高速铁路接触网一般不进行 V 形天窗作业。故障处理、事故抢修等特殊情况下必须在邻线行车的情况下作业时，必须在办理本线封锁、邻线列车限速 160 km/h 及以下申请，在得到列车调度员（车站值班员）签认后，方可上道作业。

遇有雷电时（在作业地点可见闪电或可闻雷声）禁止在接触网上作业。

须在办理本线封锁并邻线列车限速 160 km/h 及以下手续后进行。

第十条 应急处置需进入铁路防护栅栏内进行设备巡视、检查、测量或处理接触网设备异物时，可不申请停电，但须在办理本线封锁并邻线列车限速 160 km/h 及以下手续后进行。

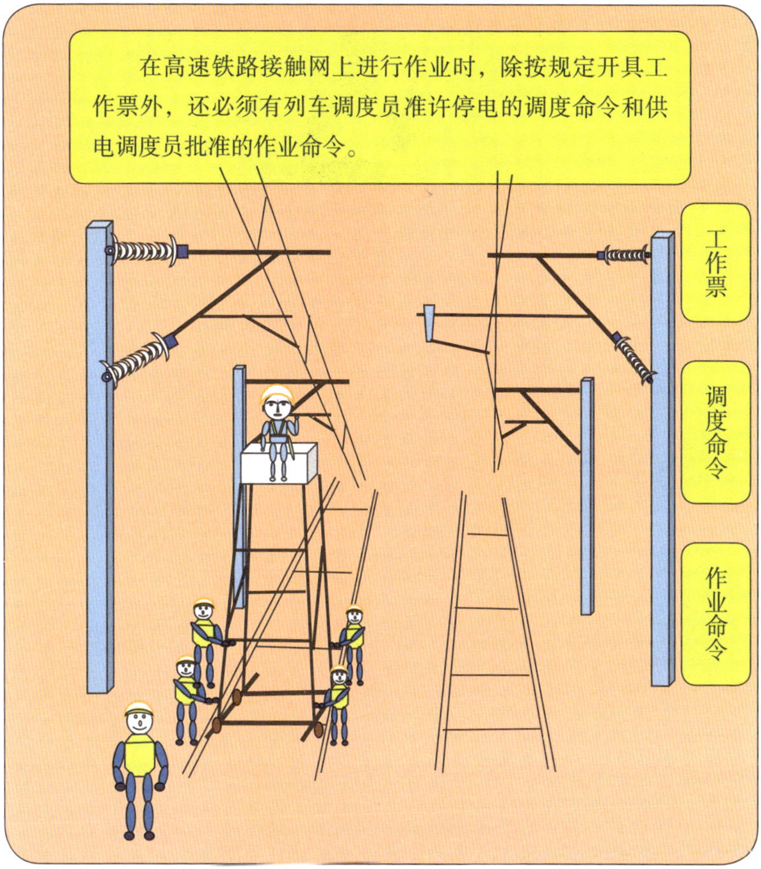

第十一条　在高速铁路接触网上进行作业时，除按规定开具工作票外，还必须有列车调度员准许停电的调度命令和供电调度员批准的作业命令。

除遇有危及人身或设备安全的紧急情况，供电调度员发布的倒闸命令可以没有命令编号和批准时间外，接触网所有的作业命令，均必须有命令编号和批准时间。

网电工作业着装

照明用具应满足夜间 200 m 范围内照明充足，4 h 内连续使用条件，接触网作业车作业平台照度值应不小于 40 lx。

第十二条 在进行接触网作业时，作业组全体成员须穿戴有反光标识的防护服、安全帽。作业组有关人员应携带通信工具并确保联系畅通。在夜间、隧道内或光线不足处所进行接触网作业时必须有足够照明灯具。工区配置照明用具应满足夜间 200 m 范围内照明充足，4 h 内连续使用条件，接触网作业车作业平台照度值应不小于 40 lx。

第十三条　利用接触网作业车或专用车辆进行接触网巡视或检测时，应申请行车计划或安排在施工维修天窗时间内进行，同时执行以下规定：

（一）邻线未封锁时，应在办理邻线列车限速 160 km/h 及以下手续后进行。

（二）需要升起作业平台或人员登上平台时，须在接触网停电、巡视或检测范围内按停电作业要求设置接地线、作业车运行速度不大于 10 km/h、作业平台设置旋转闭锁的条件下进行。

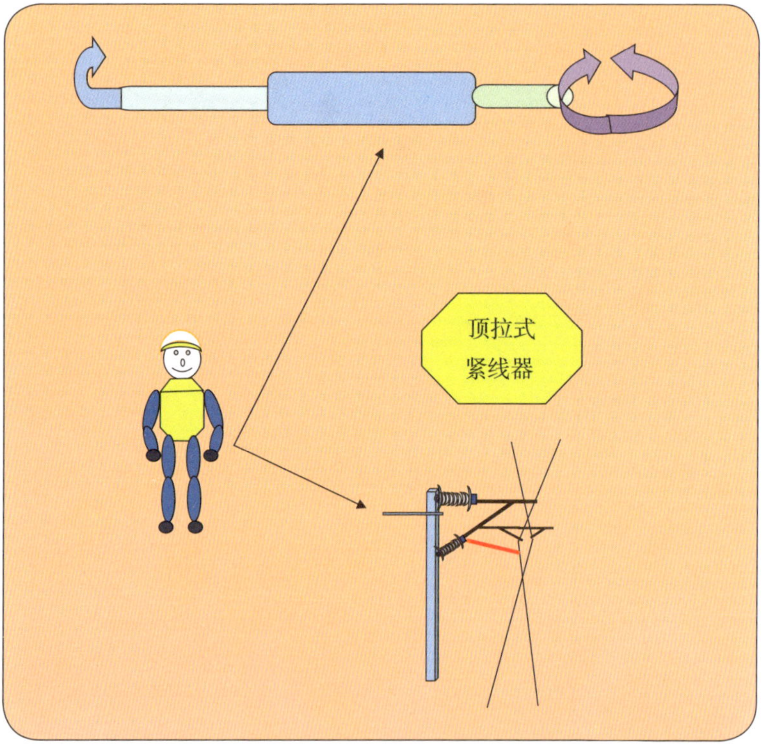

第十四条　新研制及经过重大改进的作业工具应由铁路局及以上单位鉴定通过，批准后方准使用。

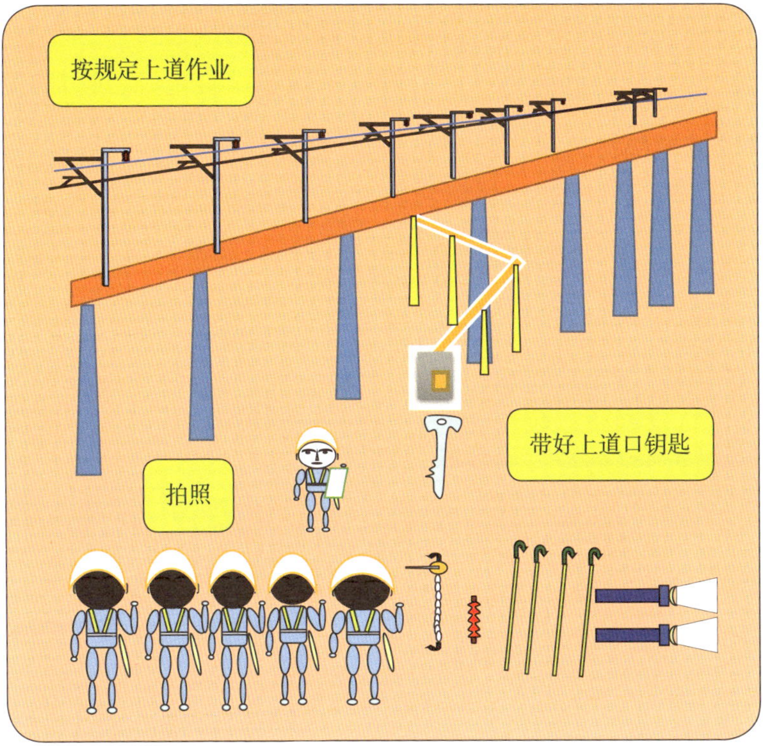

第十五条 需进入铁路防护栅栏内进行接触网作业的人员，必须在得到驻调度所（驻站）人员同意后方准进入。进、出铁路防护栅栏时，必须清点人员，并及时锁闭防护网门，防止人员遗漏及闲杂人员进入。

作业组所有的工具物品和安全用具均须粘贴反光标识，在使用前均须进行状态、数量检查，符合要求方准使用。进、出铁路防护栅栏时对所携带和消耗后的机具、材料数量认真清点核对，不得遗漏在线路或铁路防护栅栏内。核对检查确认方式由各铁路局自定。

第三章　作业制度

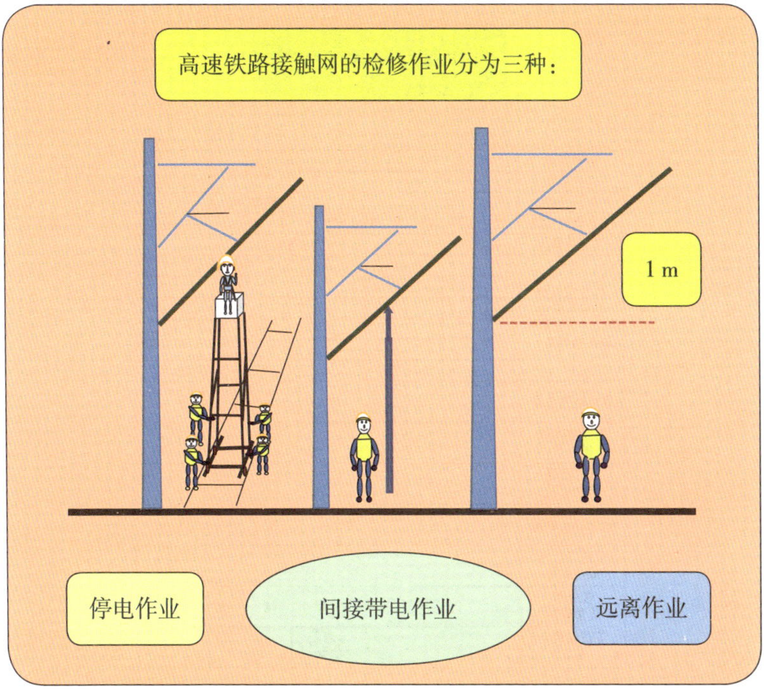

第十六条 高速铁路接触网的检修作业分为三种：

（一）停电作业——在接触网停电设备上进行的作业。

（二）间接带电作业——借助绝缘工具间接在接触网带电设备上进行的作业。

（三）远离作业——在距接触网带电部分 1 m 及其以外的处所进行的作业。

接触网第一种工作票

______工区　　　　　　　　　　　　第　　号

封锁范围				发票人	
作业范围					
作业内容				发票时间	
工作票有效期	自　年　月　日　时　分至　年　月　日　时　分止				
工作领导人	姓名：		安全等级：		
作业组成员姓名及安全等级（安全等级写在括号内）	（　）	（　）	（　）	（　）	（　）
	（　）	（　）	（　）	（　）	（　）
	（　）	（　）	（　）	（　）	（　）
	（　）	（　）	（　）	（　）	（　）
	（　）	（　）	（　）	（　）	（　）
	（　）	（　）	（　）	（　）	共计：　人
需停电的设备					
装设接地线的位置					
作业范围防护措施					
其他安全措施					
变更作业组成员记录					
工作票结束时间	年　月　日　时　分				
工作领导人（签字）			发票人（签字）		

工作票要求

第十七条　工作票是进行接触网作业的书面依据，填写时要字迹清楚、正确，需填写的内容不得涂改和用铅笔书写。

工作票填写一式两份，一份由发票人保管，一份交给工作领导人。

事故抢修和遇有危及人身或设备安全的紧急情况，作业时可以不签发工作票，但必须有供电调度批准的作业命令，并由抢修负责人布置安全、防护措施。

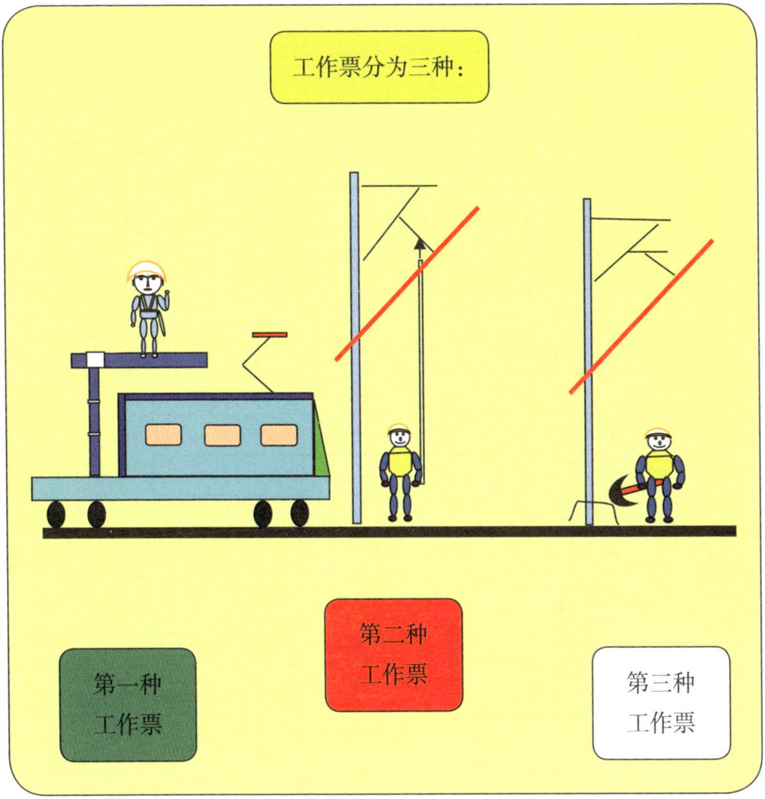

第十八条 根据作业性质的不同，工作票分为三种：

（一）接触网第一种工作票，用于停电作业。

（二）接触网第二种工作票，用于间接带电作业。

（三）接触网第三种工作票，用于远离作业即距带电部分 1 m 及其以外的高空作业、较复杂的地面作业、未接触带电设备的测量及铁路防护栅栏内步行巡视等。

工作票有效期不得超过 3 个工作日。

作　废

____________工区

封锁范围				发票人	
作业范围					
作业内容				发票时间	
工作票有效期	自　年　月　日　时　分至　年　月　日　时　分止				
工作领导人	姓名：		安全等级：		
作业组成员姓名及安全等级（安全等级写在括号内）	（　）	（　）	（　）	（　）	（　）
	（　）	（　）	（　）	（　）	（　）
	（　）	（　）	（　）	（　）	（　）
	（　）	（　）	（　）	（　）	（　）
	（　）	（　）	（　）	（　）	（　）
	（　）	（　）	（　）	（　）	共计：　人
需停电的设备					
装设接地线的位置					
作业范围防护措施					
其他安全措施					
变更作业组成员记录					
工作票结束时间	年　月　日　时　分				
工作领导人（签字）			发票人（签字）		

所有工作票保存时间不少于 12 个月。

第十九条　工作票有效期不得超过3个工作日。

作业结束后，工作领导人要将工作票和相应命令票交工区统一保管。在工作票有效期内没有执行的工作票，须在右上角盖“作废”印记交回工区保管。所有工作票保存时间不少于 12 个月。

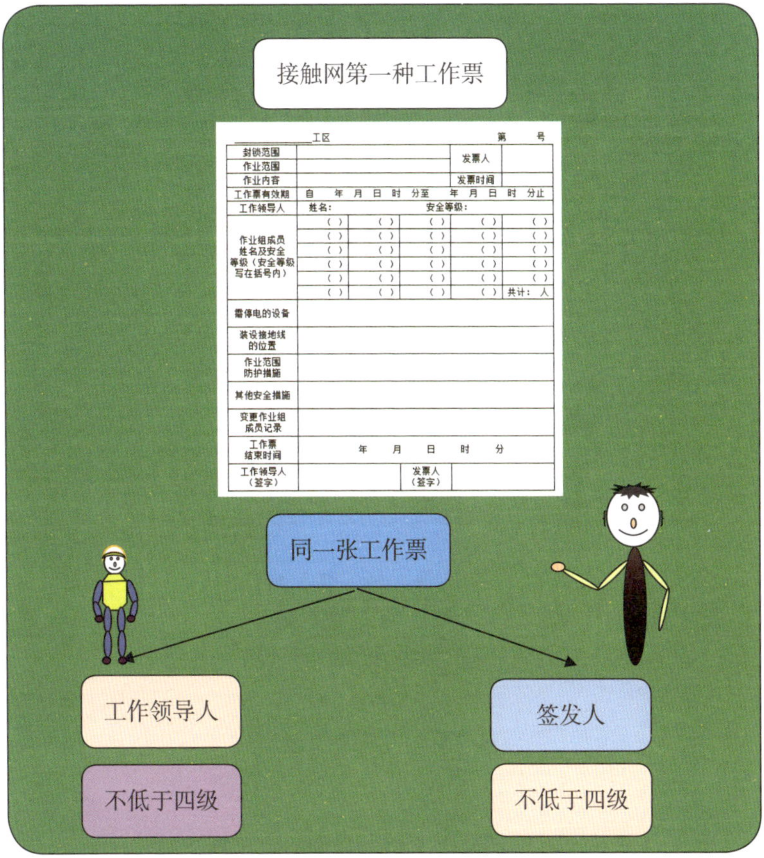

第二十条　工作票签发人和工作领导人安全等级不低于四级。同一张工作票的签发人和工作领导人必须由两人分别担当。

接触网第一种工作票

______工区　　　　　　　　第　　号

封锁范围				发票人	
作业范围					
作业内容				发票时间	
工作票有效期	自　年　月　日　时　分至　年　月　日　时　分止				
工作领导人	姓名：		安全等级：		
作业组成员姓名及安全等级（安全等级写在括号内）	（　）	（　）	（　）	（　）	（　）
	（　）	（　）	（　）	（　）	（　）
	（　）	（　）	（　）	（　）	（　）
	（　）	（　）	（　）	（　）	（　）
	（　）	（　）	（　）	（　）	（　）
	（　）	（　）	（　）	（　）	共计：　人
需停电的设备					
装设接地线的位置					
作业范围防护措施					
其他安全措施					
变更作业组成员记录					
工作票结束时间	年　月　日　时　分				
工作领导人（签字）			发票人（签字）		

每次作业，一名工作领导人同时只能接受一张工作票。一张工作票只能发给一名工作领导人。

第二十一条　发票人一般应在作业 6 h 之前将工作票交给工作领导人，使之有足够的时间熟悉工作票中的内容并做好准备工作。工作领导人对工作票内容有不同意见时，应向发票人提出，经认真分析，确认无误后，签字确认。

每次作业，一名工作领导人同时只能接受一张工作票。一张工作票只能发给一名工作领导人。

接触网第一种工作票

______工区　　　　　　　　　　第　　号

封锁范围				发票人	
作业范围					
作业内容				发票时间	
工作票有效期	自　年　月　日　时　分至　年　月　日　时　分止				
工作领导人	姓名：		安全等级：		
作业组成员姓名及安全等级（安全等级写在括号内）	（　）	（　）	（　）	（　）	（　）
	（　）	（　）	（　）	（　）	（　）
	（　）	（　）	（　）	（　）	（　）
	（　）	（　）	（　）	（　）	（　）
	（　）	（　）	（　）	（　）	（　）
	（　）	（　）	（　）	（　）	共计：　人
需停电的设备					
装设接地线的位置					
作业范围防护措施					
其他安全措施					
变更作业组成员记录					
工作票结束时间	年　月　日　时　分				
工作领导人（签字）			发票人（签字）		

当需变更作业种类、作业地点、作业内容、需停电的设备、封锁或限行条件等要素之一时，必须废除原工作票，签发新的工作票。

第二十二条　工作票中规定的作业组成员一般不应更换，若必须更换时，应由发票人签认，若发票人不在可由工作领导人签认。工作领导人更换时，必须由发票人签认。

当需变更作业种类、作业地点、作业内容、需停电的设备、封锁或限行条件等要素之一时，必须废除原工作票，签发新的工作票。

第二十三条　工作领导人应提前组织作业组成员（含作业车司机）召开工前预备会，宣讲工作票并进行作业分工、安全预想，将本次作业任务和安全措施逐项分解落实到人，并进行针对性安全提示。作业组成员有疑问时应及时提出，工作领导人组织答疑并确认无误。

作业前，工作领导人应组织作业组成员列队点名，并确认作业安全用具准备充分、作业组人员身体及精神状态良好后，方准作业。

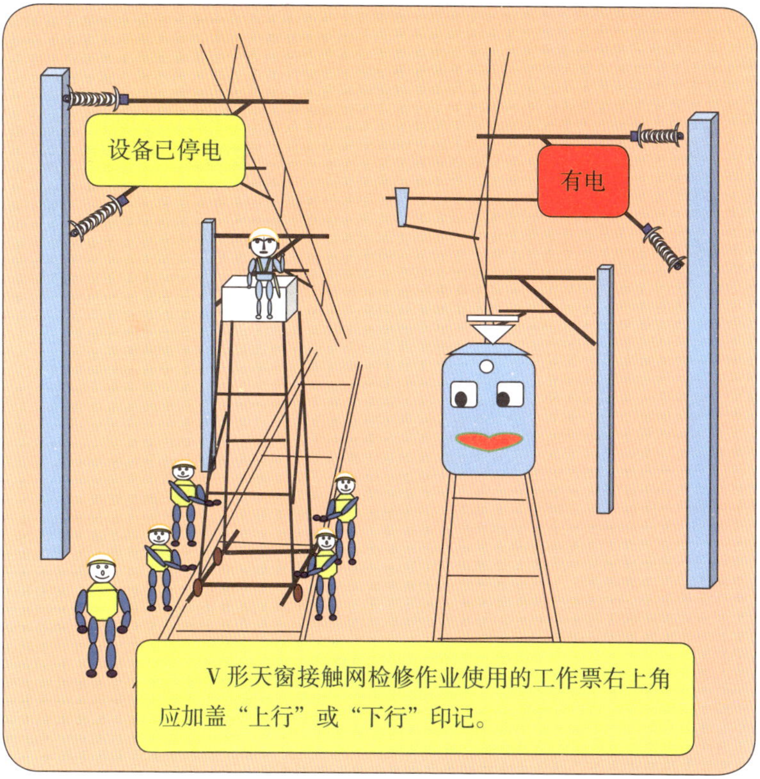

第二十四条 V形接触网检修作业使用的工作票右上角应加盖“上行”或“下行”印记。工作票中要有针对V形接触网检修作业的特殊性提出的安全措施。主要是：

（一）写明上行（下行）封锁及停电，下行（上行）未封锁及有电，人员机具和作业车平台旋转不得侵入下行（上行）限界的范围。

（二）防止误触有电设备的安全措施。

（三）防止感应电伤害的安全措施。

（四）防止穿越电流伤害的安全措施。

（五）防止电力机车将电带入作业区段的安全措施。

在设备较复杂的区段作业时，应附页画出作业区段简图，标明停电作业范围、接地线位置，并用红色标记带电设备。

第二十五条 工作票签发人在安排工作时，要做好下列事项：

（一）所安排的作业项目是必要和可能的。

（二）所采取的安全措施是正确和完备的。

（三）所配备的工作领导人和作业组成员的人数和条件符合规定。

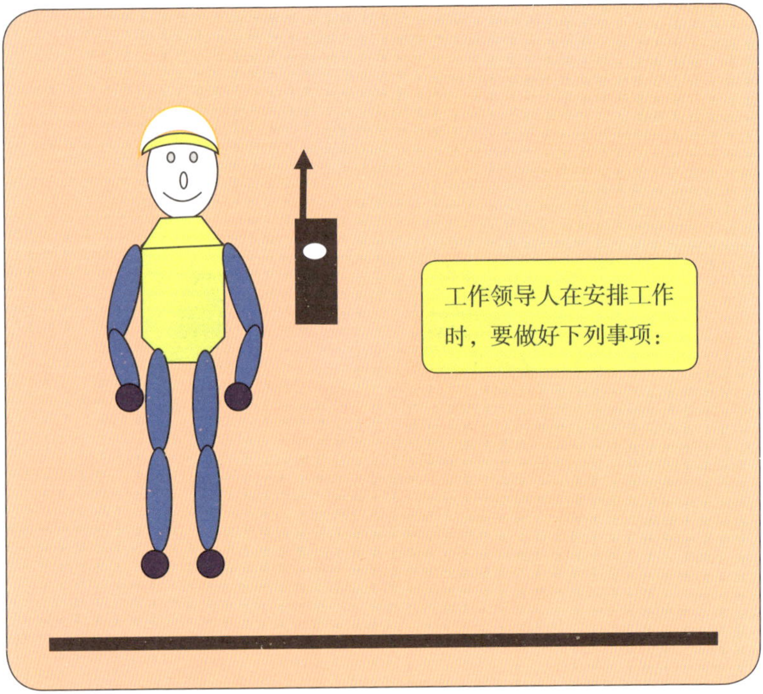

第二十六条　工作领导人在安排工作时，要做好下列事项：

（一）确认作业内容、地点、时间、作业组成员等均符合工作票提出的要求。

（二）确认作业采取的安全措施正确而完备。

（三）检查落实工具、材料准备，与安全员（安全监护人）共同检查作业组成员着装、工具、劳保用品齐全合格。

（四）监督作业组成员的作业安全。

（五）检查确认接触网设备送电及线路开通条件。

第二十七条 作业组成员要服从工作领导人的指挥、调动，遵章守纪。对不安全和有疑问的命令，要及时果断地提出，坚持安全作业。

第四章　受力工具和绝缘工具

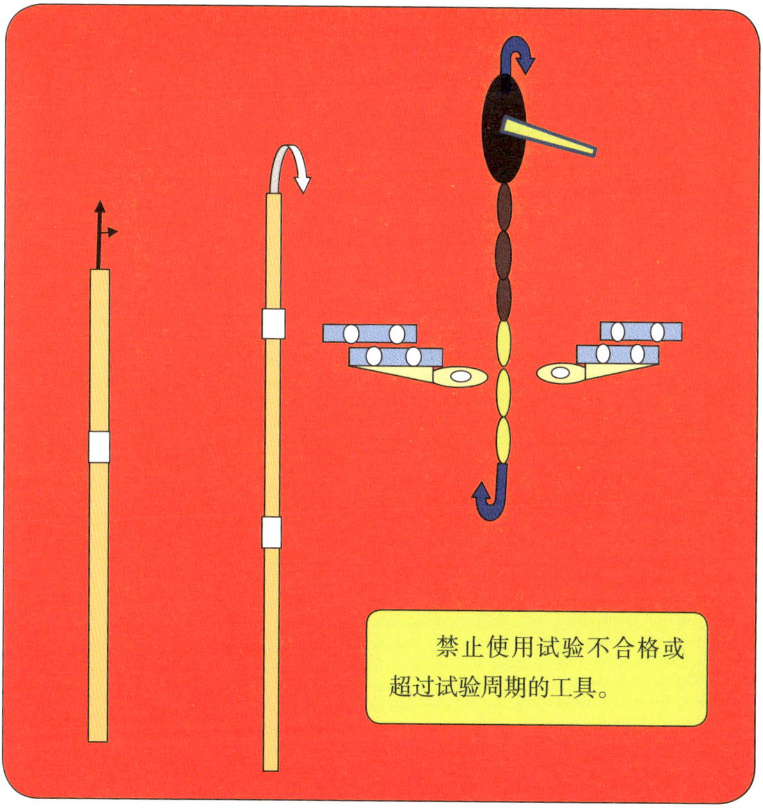

第二十八条 各种受力工具和绝缘工具应有合格证并定期进行试验，做好记录，禁止使用试验不合格或超过试验周期的工具。

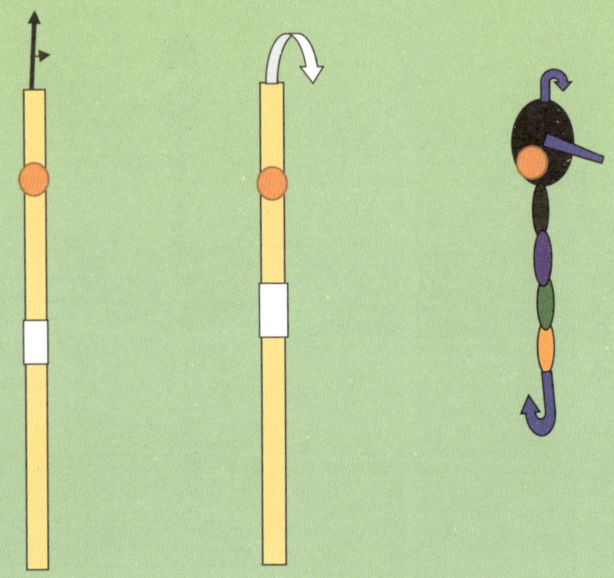

绝缘工具的反光标识应粘贴在明显且不影响绝缘性能的部位。

第二十九条 各单位应制定受力工具和绝缘工具管理办法，专人负责进行编号、登记、整理，并监督按规定试验和正确使用。绝缘工具的反光标识应粘贴在明显且不影响绝缘性能的部位。

与试验记录对应的受力工具和绝缘用具上应有统一制定的编号标记。

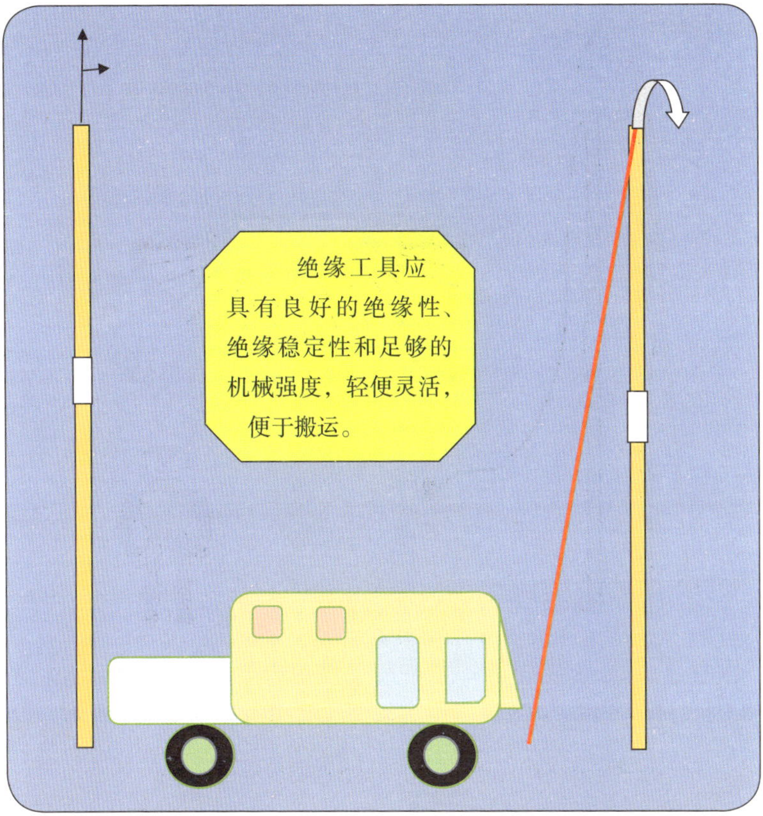

第三十条　绝缘工具应具有良好的绝缘性、绝缘稳定性和足够的机械强度，轻便灵活，便于搬运。

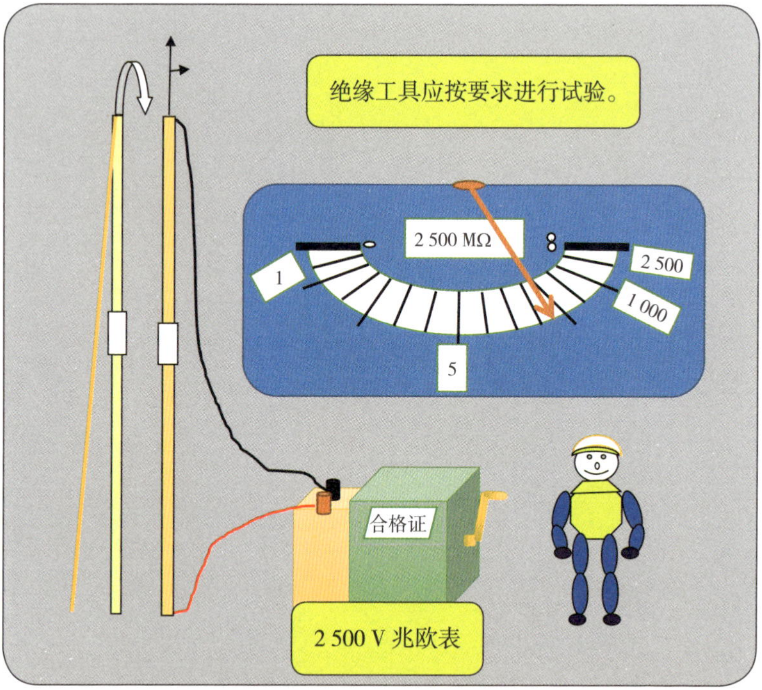

第三十一条　绝缘工具应按下列要求进行试验：

（一）新购、制作（或大修）后，在第一次投入使用前进行机械和电气强度试验。绝缘工具的电气强度试验一般在机械强度试验合格后进行。机械强度试验应在组装状态下进行。

（二）使用中的绝缘工具要定期进行试验。

（三）绝缘工具的机、电性能发生损伤或对其怀疑时，应中断使用并及时进行相应的试验。

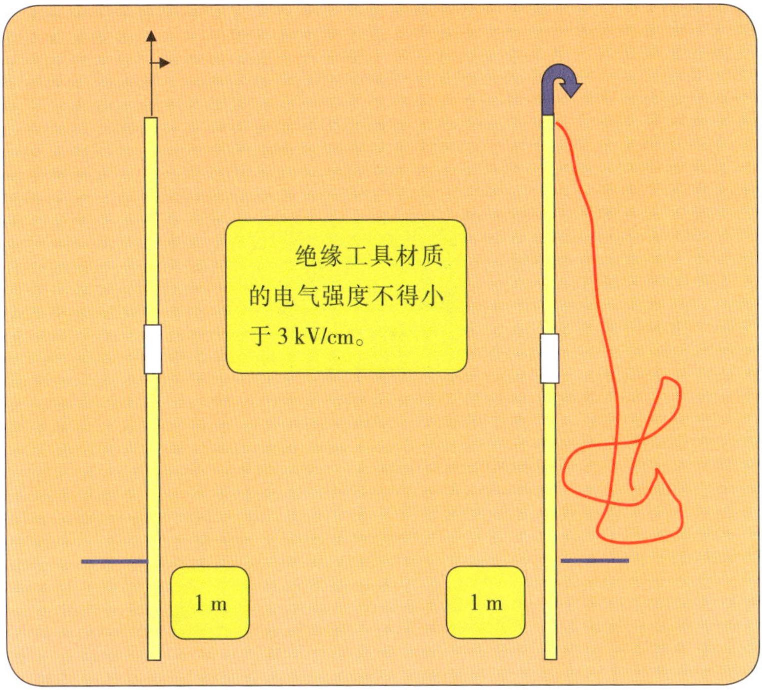

第三十二条 绝缘工具材质的电气强度不得小于 3 kV/cm，间接带电作业的绝缘杆等其有效长度大于 1 000 mm。

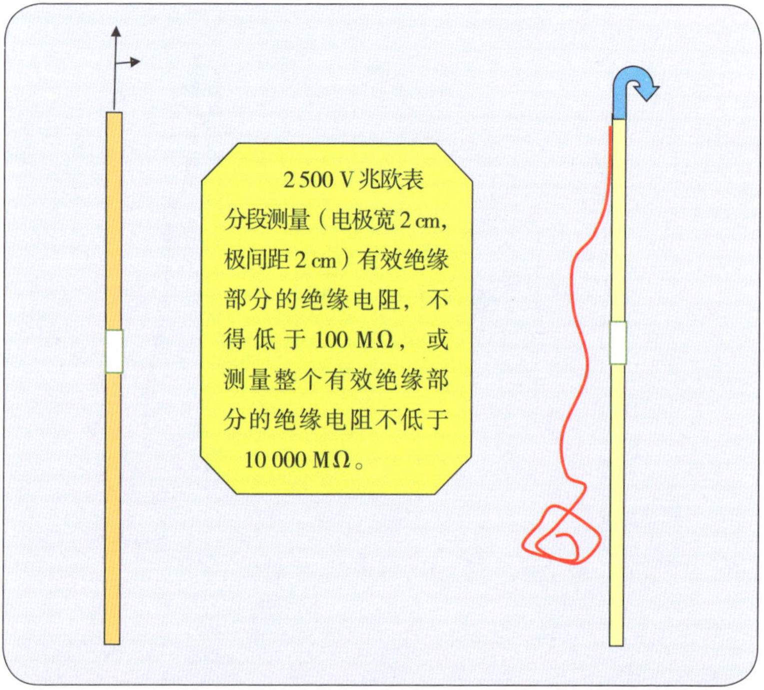

第三十三条 绝缘工具每次使用前，须认真检查有无损坏，并用清洁干燥的抹布擦拭有效绝缘部分后，再用 2 500 V 兆欧表分段测量（电极宽 2 cm，极间距 2 cm）有效绝缘部分的绝缘电阻，不得低于 100 MΩ，或测量整个有效绝缘部分的绝缘电阻不低于 10 000 MΩ。

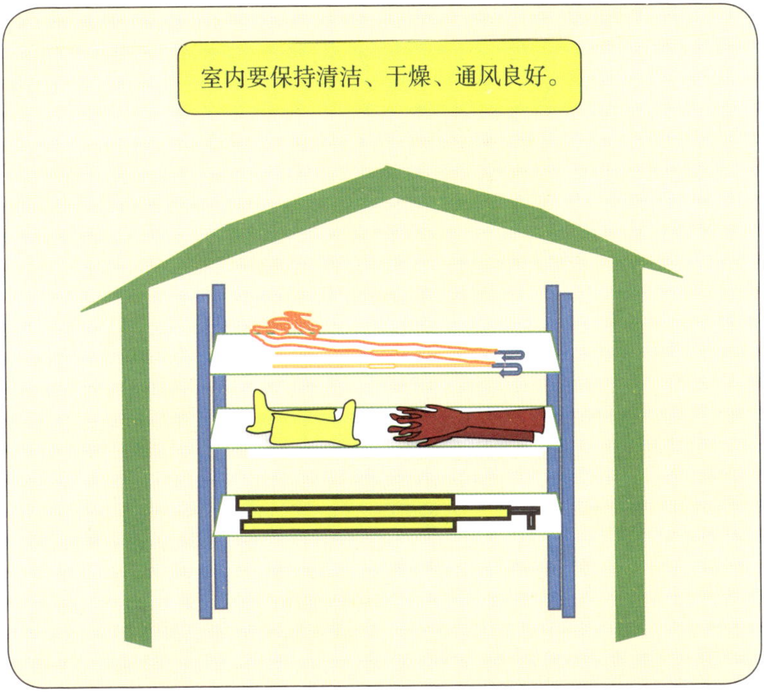

第三十四条 绝缘工具应存放在室内，室内要保持清洁、干燥、通风良好，并采取防潮措施。

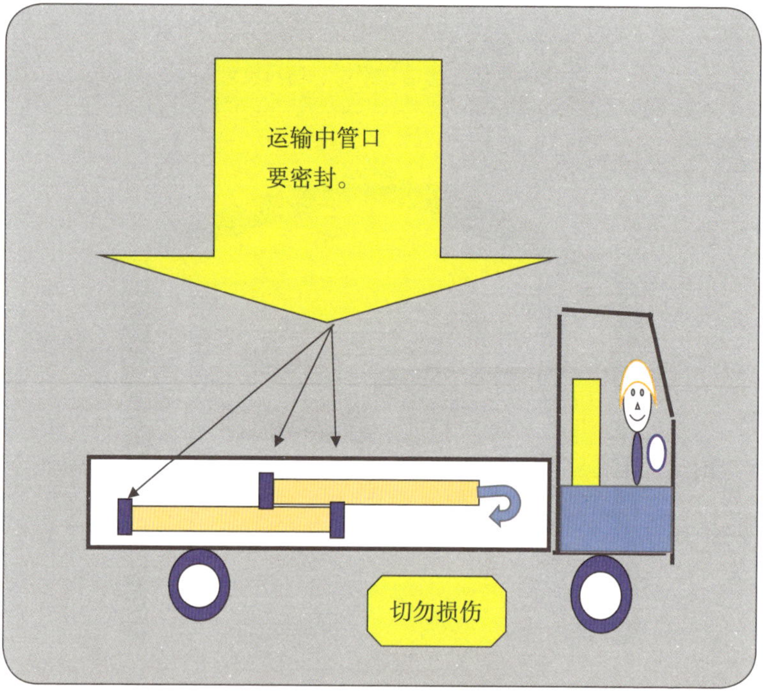

第三十五条　绝缘工具在运输和使用中要经常保持清洁干燥，切勿损伤。使用管材制作的绝缘工具，其管口要密封。

第五章　高空作业

第三十六条 凡在距离地（桥）面 2 m 及以上的处所进行的作业均称为高空作业。

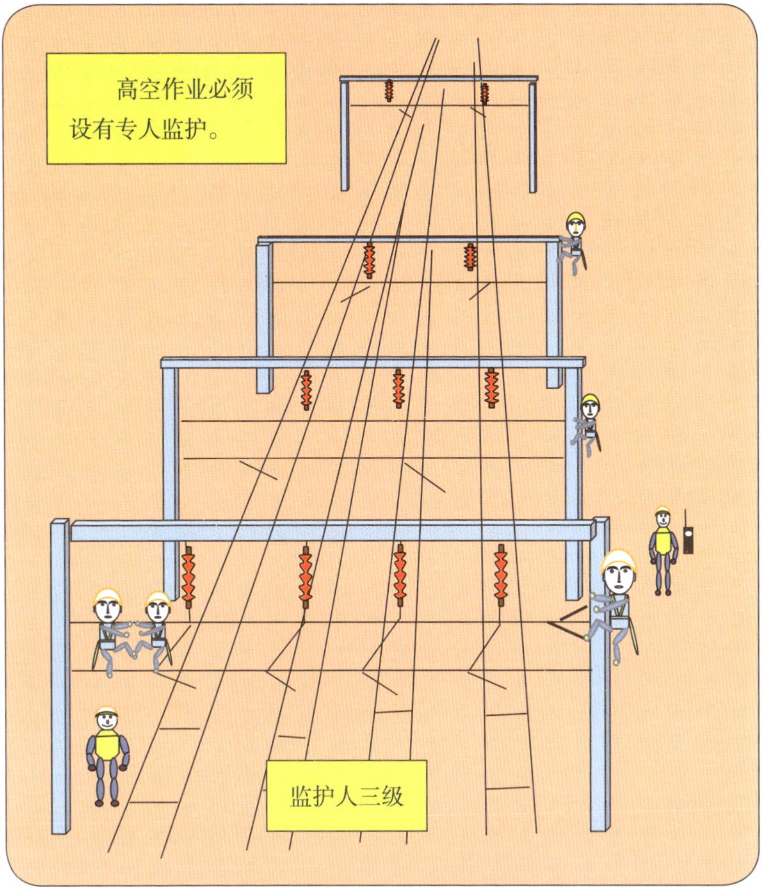

第三十七条 高空作业必须设有专人监护，其监护要求如下：

（一）间接带电作业时，每个作业地点均要设有专人监护，其安全等级不低于四级。

（二）停电作业时，每个监护人的监护范围不超过 2 个跨距，在同一组硬（软）横跨上作业时不超过 4 条股道，在相邻线路同时作业时，要分别派监护人各自监护；当停电成批清扫绝缘子时，可视具体情况设置监护人员。监护人员的安全等级不低于三级。

（三）作业人员及所携带的物件、作业工器具等与接触网带电部分距离小于 3 m 的远离作业，每个作业地点均要设有专人监护，其安全等级不低于四级。

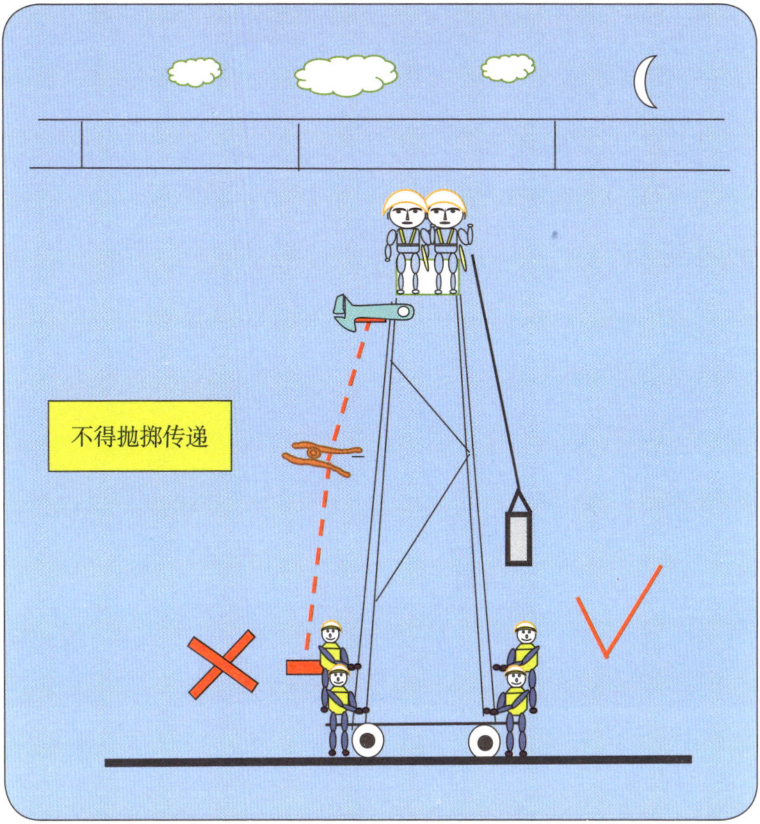

第三十八条 高空作业使用的小型工具、材料应放置在工具材料袋（箱）内。作业中应使用专门的用具传递工具、零部件和材料，不得抛掷传递。

第三十九条 高空作业人员作业时必须将安全带系在安全牢靠的地方。

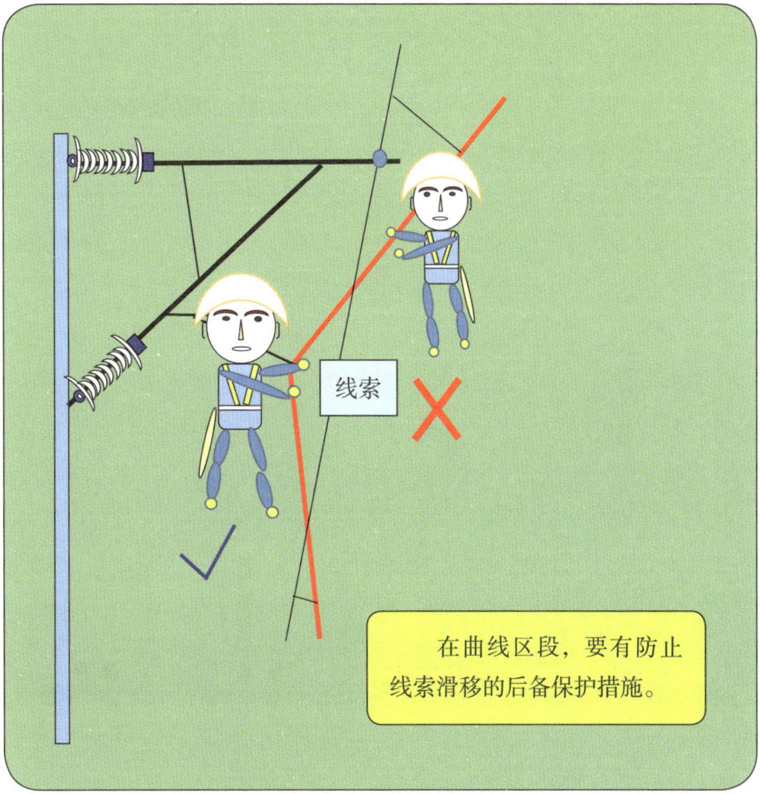

第四十条 进行高空作业时，人员不宜位于线索受力方向的反侧，并采取防止线索滑脱的措施。在曲线区段调整接触网悬挂时，要有防止线索滑移的后备保护措施。

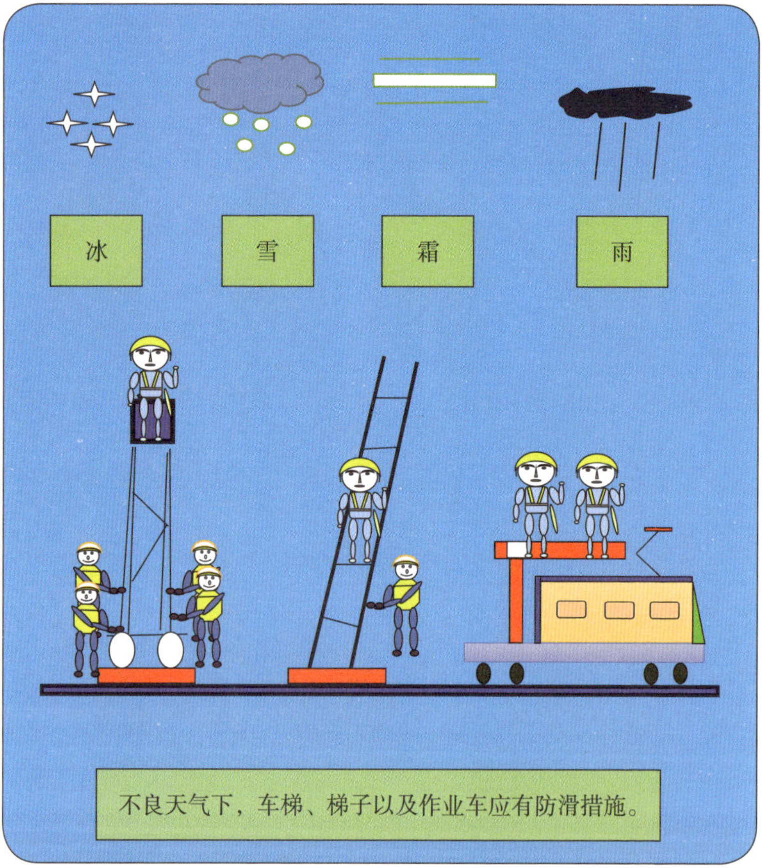

第四十一条 冰、雪、霜、雨等天气条件下，接触网作业用的车梯、梯子、接触网作业车的爬梯和平台应有防滑措施。

第四十二条 攀登工具应在出库前检查状态良好，安全用具完好合格。攀登支柱前要检查支柱状态，观察支柱上有无其他设备，选好攀登方向和条件。

攀登支柱时要手把牢靠，脚踏稳准，严防滑落。

第四十三条 攀登支柱时要手把牢靠，脚踏稳准，尽量避开设备并与带电设备保持规定的安全距离。用脚扣攀登时，要卡牢系紧，严防滑落。

第四十四条 接触网作业用的车梯和梯子必须符合下列要求：

（一）结实、轻便、稳固。

（二）车梯的车轮采取可靠的绝缘措施。

（三）按规定进行试验。

第四十五条 使用车梯进行作业时，应指定车梯负责人，工作台上的人员不得超过两名。所有的零件、工具等均不得放置在工作台的台面上。

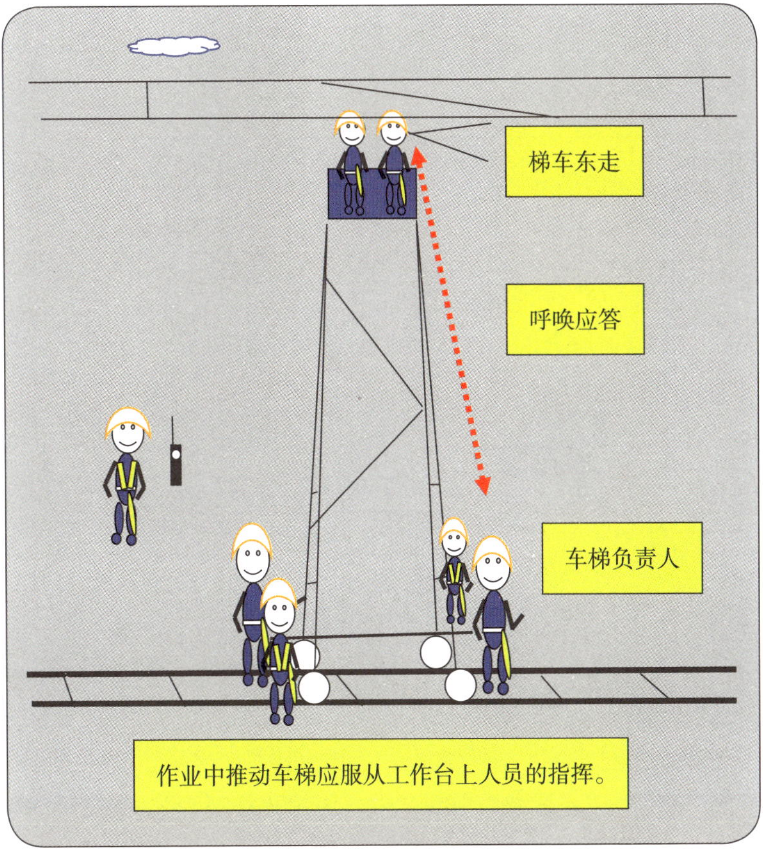

第四十六条 作业中推动车梯应服从工作台上人员的指挥。当车梯工作台面上有人时，推动车梯的速度不得超过 5 km/h，并不得发生冲击和急剧起、停。工作台上人员和车梯负责人应呼唤应答，配合妥当。

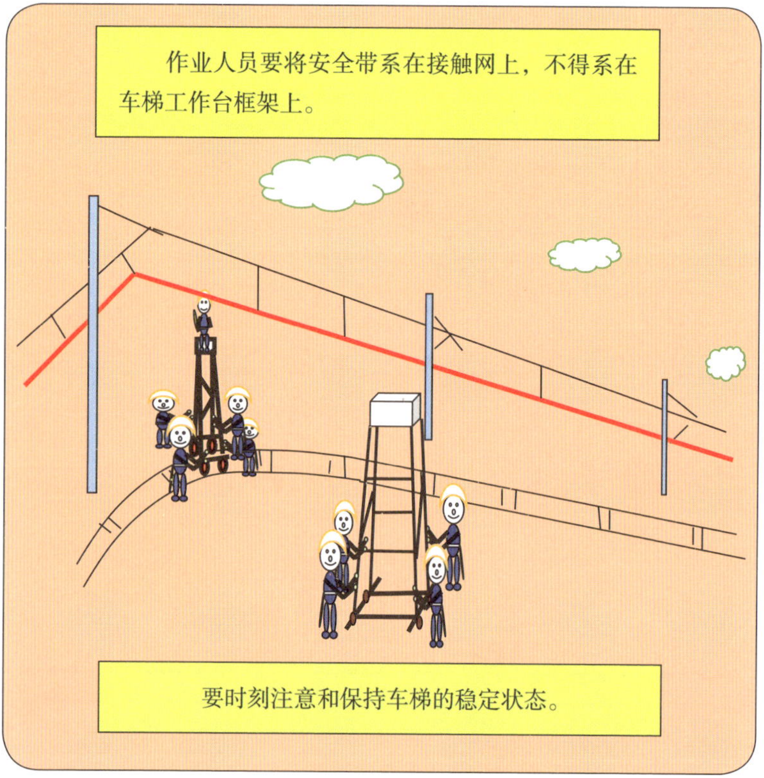

第四十七条　车梯负责人和推车梯人员，应时刻注意和保持车梯的稳定状态。当车梯在曲线上或遇大风时，对车梯要采取防止倾倒的措施；当外轨超高≥125 mm或风力5级以上时，未采取固定措施禁止登车梯作业。车梯在大坡道上时，应采取防止滑移的措施；当车梯放在道床、路肩上或作业人员的重心超出工作台范围作业时，作业人员应将安全带系在接触网上；车梯在地面上推动时，工作台上不得有人停留。

第四十八条　当用梯子作业时，作业人员应先检查梯子是否牢靠；要有专人扶梯，梯子支挂点稳固，严防滑移；梯子上只准有1人作业。

检查通信工具，确保联络畅通。

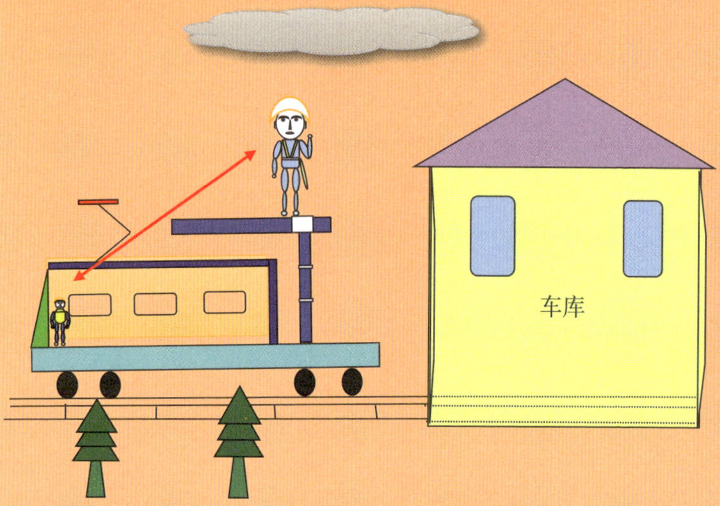

出车前，司机应认真检查车辆和行车安全装备，确保状态良好。

第四十九条 接触网作业车出车前，司机应认真检查车辆和行车安全装备、防护备品齐全良好，并与作业人员检查通信工具，确保联络畅通。

第五十条　接触网作业车司机应执行作业前的待乘休息制度，充分休息，确保精神状态良好。作业前司机应掌握作业范围和内容并进行安全预想，作业和运行过程中应注意力集中。

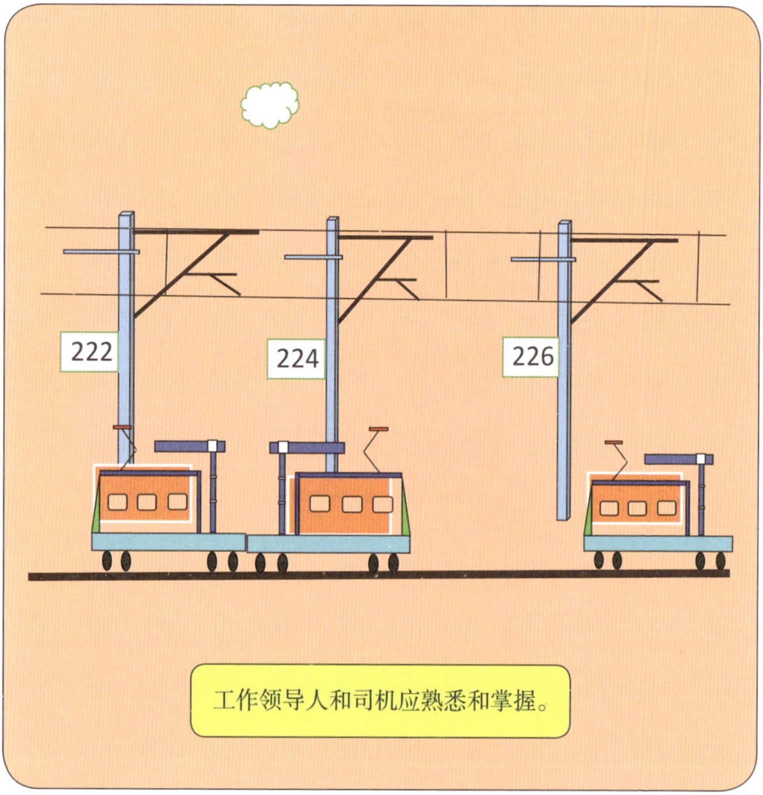

第五十一条 接触网作业车分解作业，须提前明确每台车的作业范围，以及作业完毕后停留车列和运行连挂车辆的位置，工作领导人和司机应熟悉和掌握。接触网作业车进入封锁区间前，司机应认真核对调度命令，确认信号，按规定联控。司机和工作领导人要根据调度命令及作业地点，拟定区间返回的时刻，并严格执行。

第五十二条 使用接触网作业车作业时，应指定作业平台操作负责人，作业平台不得超载。工作领导人必须确认地线接好后，方可允许作业人员登上接触网作业车的作业平台。作业车平台应设置随车等位线，在完成作业平台和工作对象设备等位措施后，方可触及和进行作业。

第五十三条 人员上、下作业平台应征得作业平台操作负责人的同意。接触网作业车移动或作业平台升降、转向时，严禁人员上、下。

V 形作业时，所有人员禁止从未封锁线路侧上、下作业车辆。作业平台应具有平台转向限位装置，作业前应将限位装置打至正确位置，作业平台严禁向未封锁的线路侧旋转。当邻线有列车通过时，应停止作业。

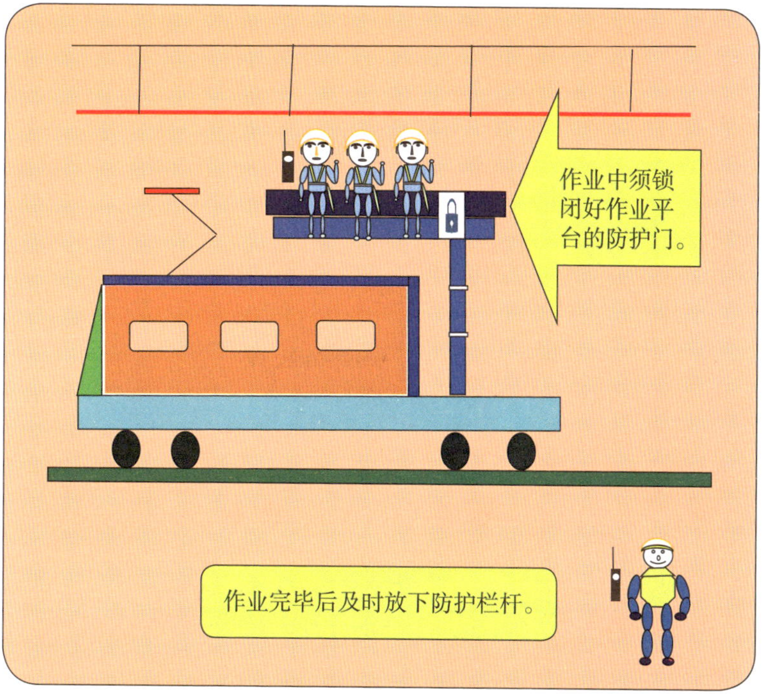

第五十四条 接触网作业车作业平台防护门关闭时应有闭锁装置。作业中须锁闭好作业平台的防护门，作业完毕后及时放下防护栏杆。

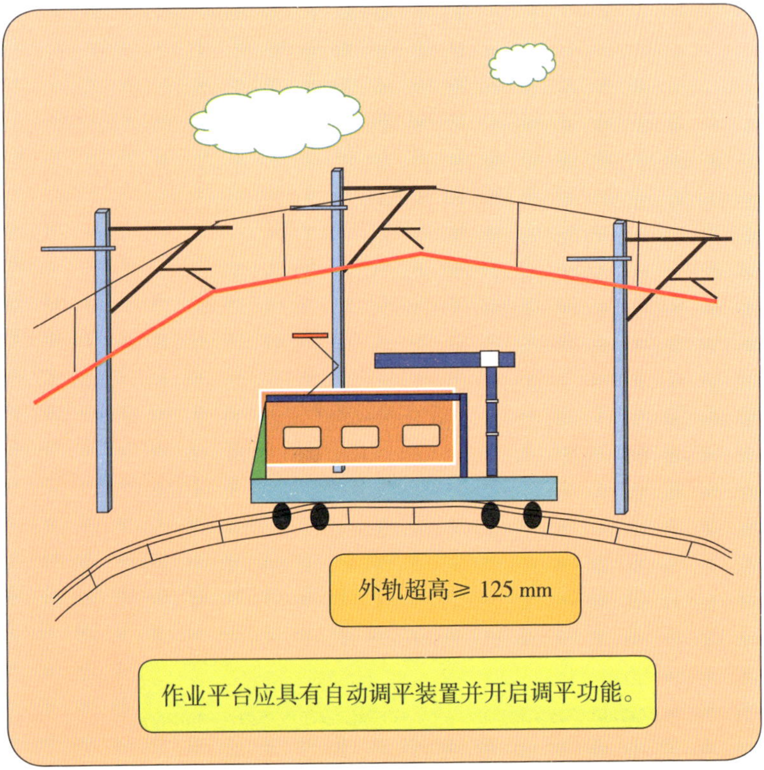

第五十五条 外轨超高≥125 mm区段人员需在作业平台上作业时，作业平台应具有自动调平装置并开启调平功能。

第五十六条 作业人员的重心超出作业平台防护栏范围作业时，须将安全带系在牢固可靠的部位。

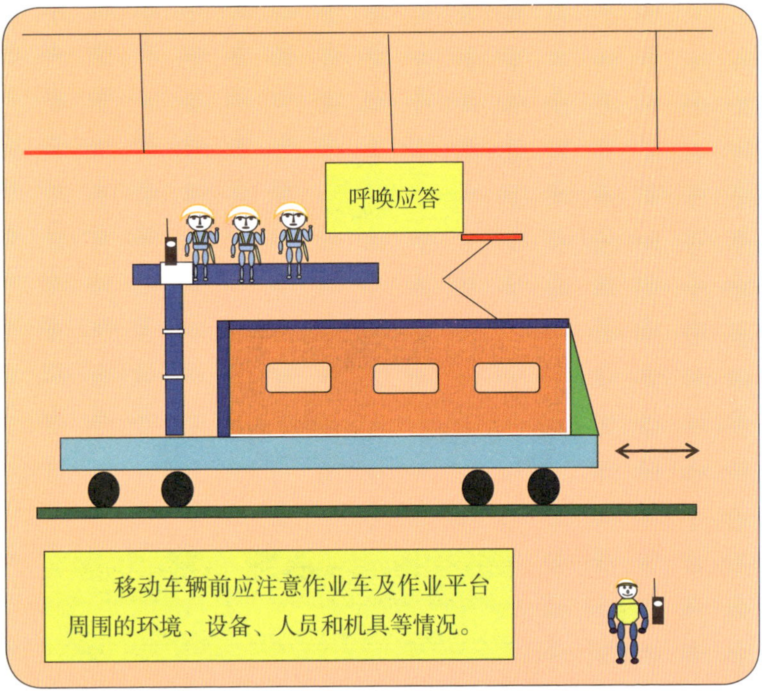

第五十七条 司机（或在平台上操纵车辆移动的人员）须精力集中，密切配合，在移动车辆前应注意作业车及作业平台周围的环境、设备、人员和机具等情况，与附近的设备保持规定的安全距离。

作业平台上的所有人员在车辆移动中应注意防止接触网设备碰刮伤人。

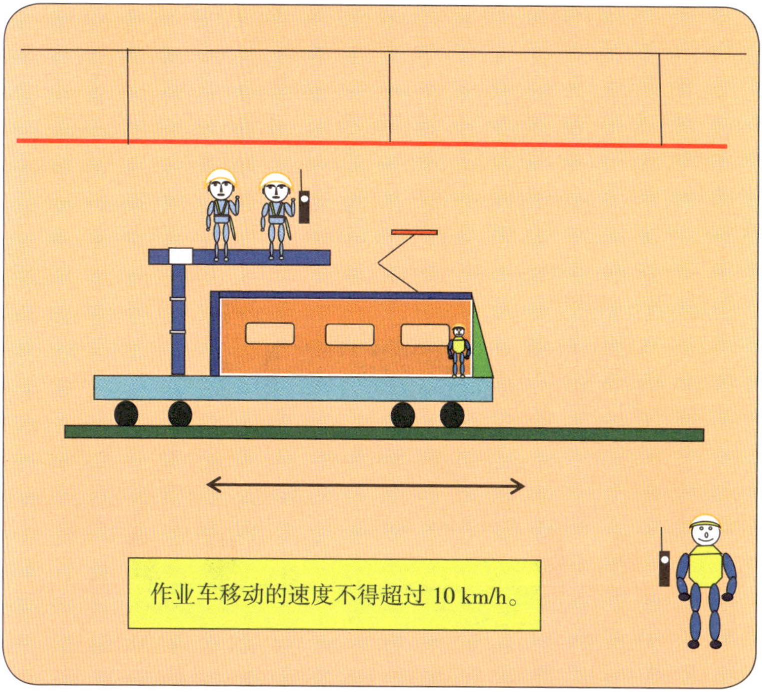

第五十八条 作业平台上有人作业时，作业车移动的速度不得超过 10 km/h，且不得急剧起、停车。

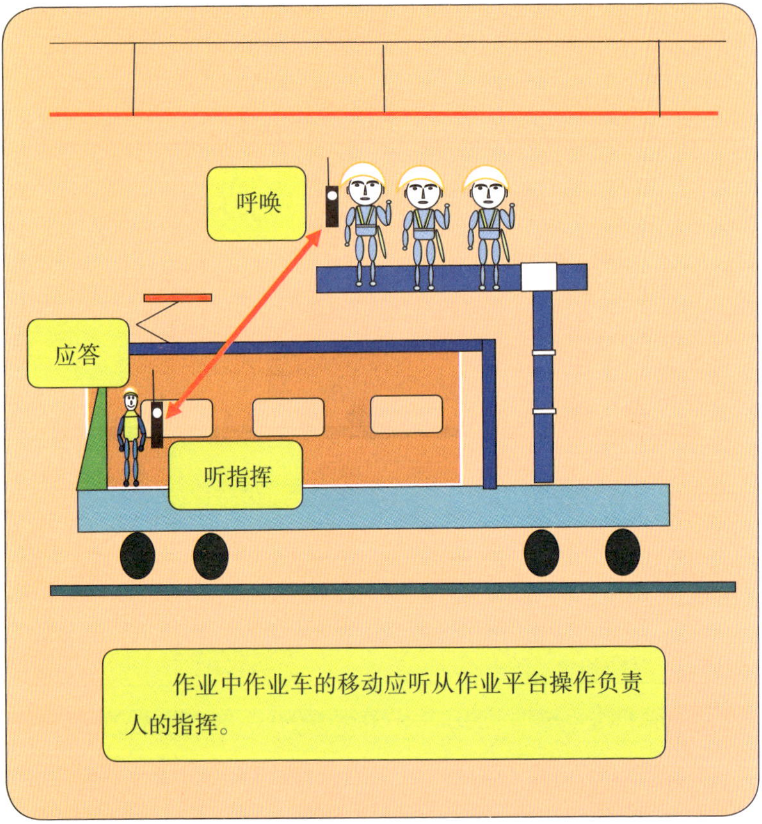

第五十九条 作业中作业车的移动应听从作业平台操作负责人的指挥。平台操作负责人与司机之间的信息传递应及时、准确、清楚，并呼唤应答。

现场作业结束及作业车返回驻地后，司机应对车辆状态及随车备品进行检查。

第六十条 现场作业结束及作业车返回驻地后，司机应对车辆状态及随车备品进行检查，发现部件缺失等应及时查找，必要时对作业车运行的区段申请采取相应行车限制措施。

第六章　停电作业

双线电化区段，接触网停电作业按停电方式分为垂直作业和 V 形作业。

第六十一条 双线电化区段，接触网停电作业按停电方式分为垂直作业和 V 形作业。

垂直作业——双线电化区段，上、下行接触网同时停电进行的接触网作业。

V 形作业——双线电化区段，上、下行接触网一行停电进行的接触网作业。

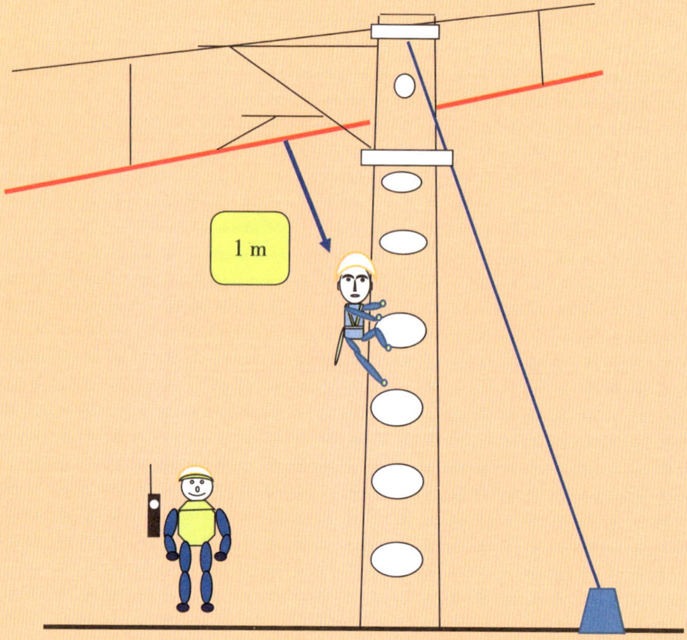

330 kV 为 5 000 mm；220 kV 为 3 000 mm；110 kV 为 1 500 mm；
25 kV 和 35 kV 为 1 000 mm；10 kV 及以下为 700 mm。

第六十二条 停电作业时，作业人员（包括所持的机具、材料、零部件等）与周围带电设备的距离不得小于下列规定：330 kV 为 5 000 mm；220 kV 为 3 000 mm；110 kV 为 1 500 mm；25 kV 和 35 kV 为 1 000 mm；10 kV 及以下为 700 mm。

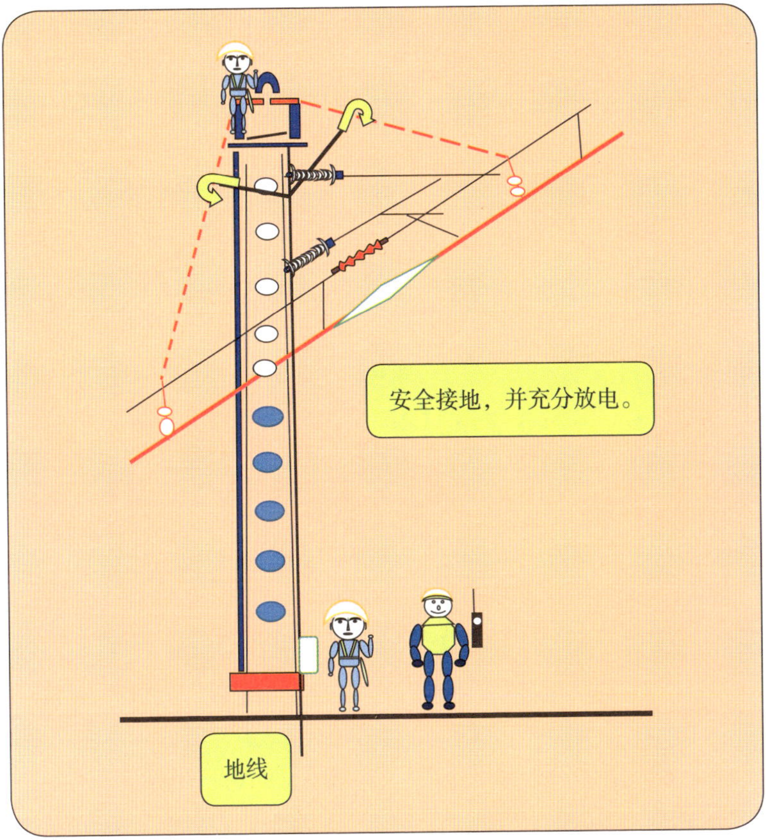

第六十三条 检修各种电缆及附件前应对电缆导体、铠装层及屏蔽层两端进行安全接地，并充分放电。当断开电缆导体、铠装层、屏蔽层以及检修上网隔离开关时，应采取防止感应电及穿越电流人身伤害措施。

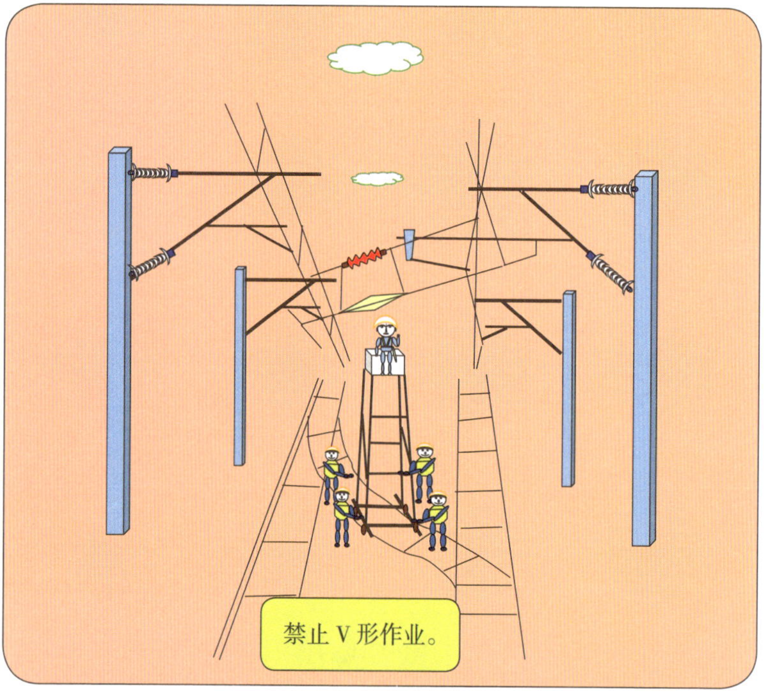

第六十四条 不能采用V形作业进行的停电检修作业，须利用垂直作业方式，其地点应在接触网平面图上用红线框出，并注明禁止V形作业字样。

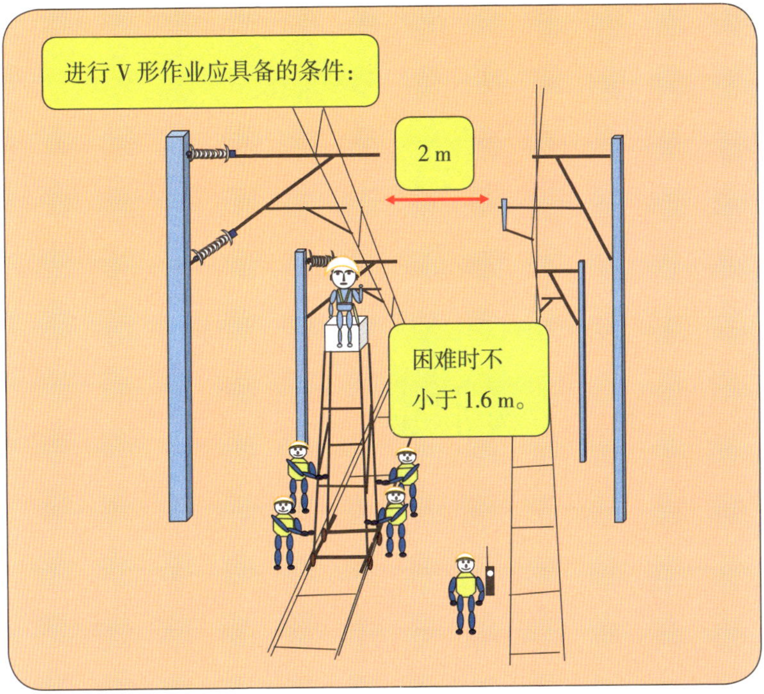

第六十五条 进行 V 形作业应具备的条件：

（一）一行接触网设备距离另一行接触网带电设备间的距离大于 2 m，困难时不小于 1.6 m。

（二）一行接触网设备距离另一行通过的电力机车（动车）受电弓瞬时距离大于 2 m，困难时不小于 1.6 m。

（三）上、下行或由不同馈线供电的设备间的分段绝缘器其主绝缘爬电距离不小于 1.2 m。

（四）上、下行或由不同馈线供电的横向分段绝缘子串，爬电距离须保证在 1.2 m 及以上，污染严重的区段应达到 1.6 m。

（五）同一支柱（吊柱）上的设备由同一馈线供电。

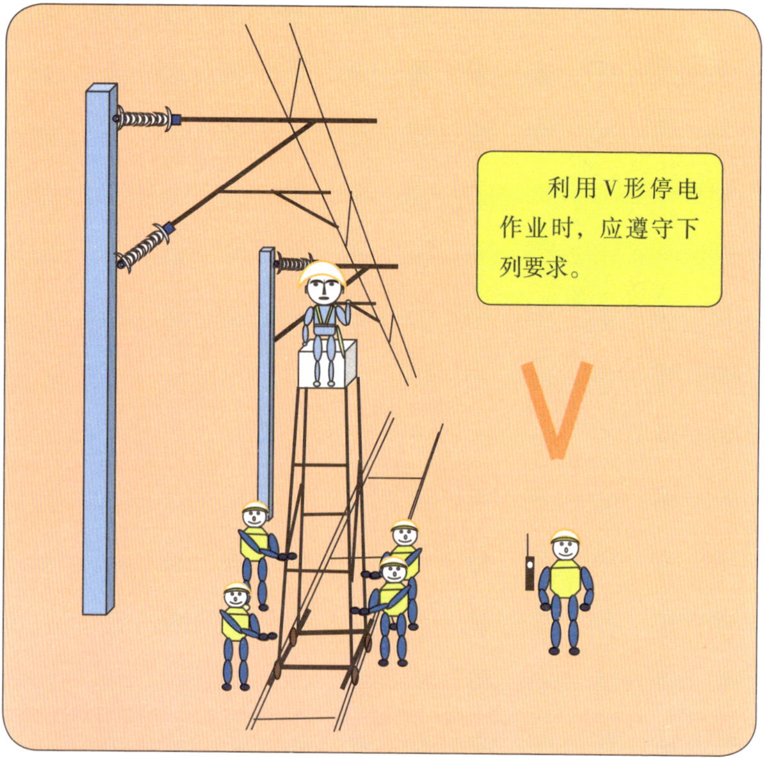

第六十六条 利用V形停电作业时，应遵守下列要求：

（一）接触网停电作业前，须撤除向相邻线供电的馈线开关保护重合闸，断开相应可能向作业线路送电的所、亭开关。

（二）作业人员作业前，工作领导人（监护人员）应向作业人员指明停、带电设备的范围，加强监护，并提醒作业人员保持与带电部分的安全距离，确保人员、机具不侵入邻线限界。

（三）为防止动车组（电力机车）将电带入停电区段，列车调度员（车站值班员）应确认禁止动车组（电力机车）通过的限制要求。

（四）在断开导电线索前，应事先采取旁路措施。更换长度超过 5 m 的长大导体时，应先等电位后接触，拆除时应先脱离接触再撤除等电位。

（五）检修吸上线、PW 线、回流线（含架空地线与回流线并用区段）、避雷线等附加导线时不得开路，如必须进行断开回路的作业，则须在断开前使用不小于 25 mm^2 铜质短接线先行短接后，方可进行作业。

在变电所、分区所、AT 所处进行断开吸上线、电缆及其屏蔽层的检修时应采用垂直作业。

吸上线与扼流变中性点连接点的检修，不得进行拆卸，防止造成回流回路开路。确需拆卸处理时，须采取旁路措施，必要时请电务部门配合。

（六）V 形作业检修支柱下部地线、避雷引下线等，可在不停电情况下进行，但须执行第三种工作票并做好行车防护，不得侵入限界；开路作业时应使用短接线先行短接后，方可进行作业。遇有雨、雪、雾、风力在 5 级及以上恶劣天气一般不进行 V 形作业。必须利用 V 形作业进行检修和故障处理或事故抢修时，应增设接地线，并在加强监护的情况下方准作业。

（七）检修隔离开关、电分段锚段关节、关节式分相和分段绝缘器等作业时，应用不小于 25 mm^2 的等位线先连接等位后再进行作业。

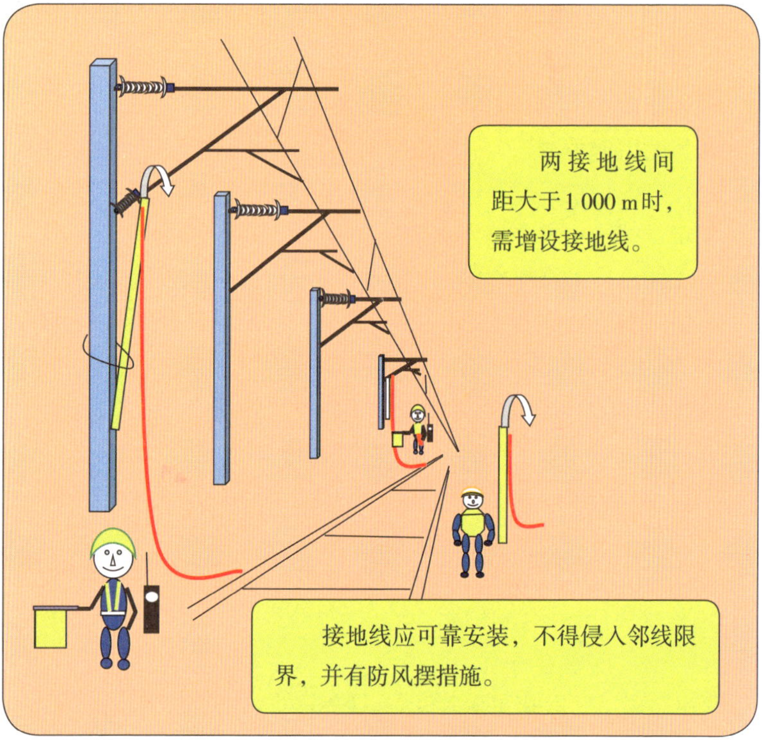

第六十七条 V形停电作业接地线设置还应执行以下要求：

（一）两接地线间距大于1 000 m时，需增设接地线。

（二）一般情况下，接触悬挂和附加导线及同杆架设的其他供电线路均需停电并接地。但若只在接触悬挂部分作业，不侵入附加导线及同杆架设的其他供电线路的安全距离时，附加悬挂及同杆架设的其他供电线路可不接地。

（三）在电分段、软横跨等处作业，中性区及一旦断开开关有可能成为中性区的停电设备上均应接地线，但当中性区长度小于 10 m 时，在与接地设备等电位后可不接地线。

（四）接地线应可靠安装，不得侵入邻线限界，并有防风摆措施。

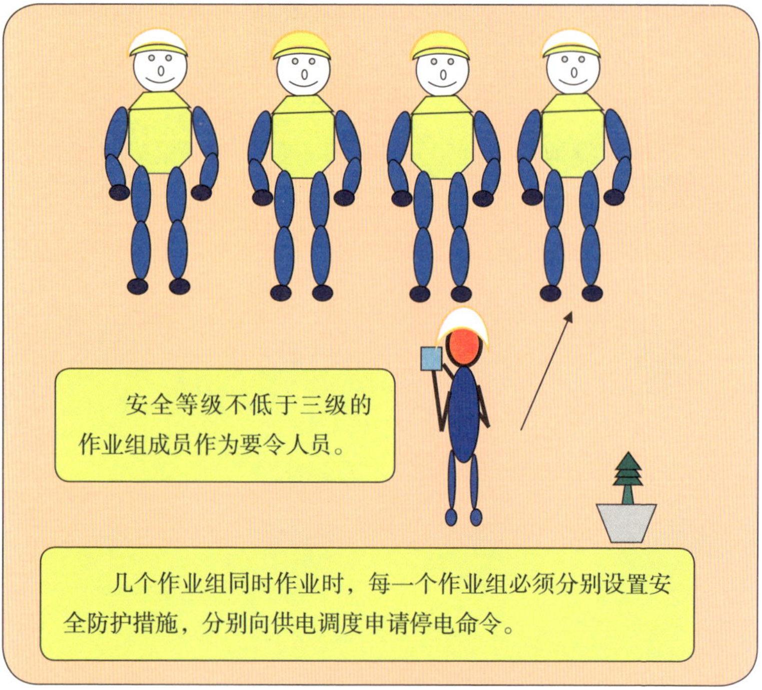

第六十八条 每个作业组停电作业前，由工作领导人指定一名安全等级不低于三级的作业组成员作为要令人员，向供电调度员申请停电命令，并说明停电作业的范围、内容、时间、安全和防护措施等。

几个作业组同时作业时，每一个作业组必须分别设置安全防护措施，分别向供电调度申请停电命令。

第六十九条 供电调度员在发布停电作业命令前，要做好下列工作：

（一）将所有的停电作业申请进行综合安排，审查作业内容和安全防护措施，确定停电的区段。

（二）通过列车调度员办理停电作业的手续，对可能通过受电弓导通电流的部位采取行车封闭或限制措施，防止来电的可能。

（三）确认有关馈电线断路器、开关均已断开。

（四）进行接触网上网电缆、上网隔离开关停电作业时，确认上网电缆在变电所（亭）GIS 柜侧已接地。

第七十条 供电调度员发布停电作业命令时，受令人应认真复诵，经确认无误后，方可给命令编号和批准时间。在发、受停电命令时，发令人要将命令内容等进行记录，受令人要填写“接触网停电作业命令票”。

第七十一条 作业组在接到停电作业命令后须先验电接地，然后方可进行作业。

第七十二条 使用验电器验电的有关规定：

（一）必须使用同等电压等级的验电器验电，验电器的电压等级为 25 kV。

（二）验电器具有自检和抗干扰功能，自检时具有声、光等信号显示。

（三）验电前自检良好后，现场检查确认声、光信号显示正常（有条件的，还要先在同等电压等级有电设备检查其性能），然后再在停电设备上验电。

（四）在运输和使用过程中，应确保验电器状态良好。

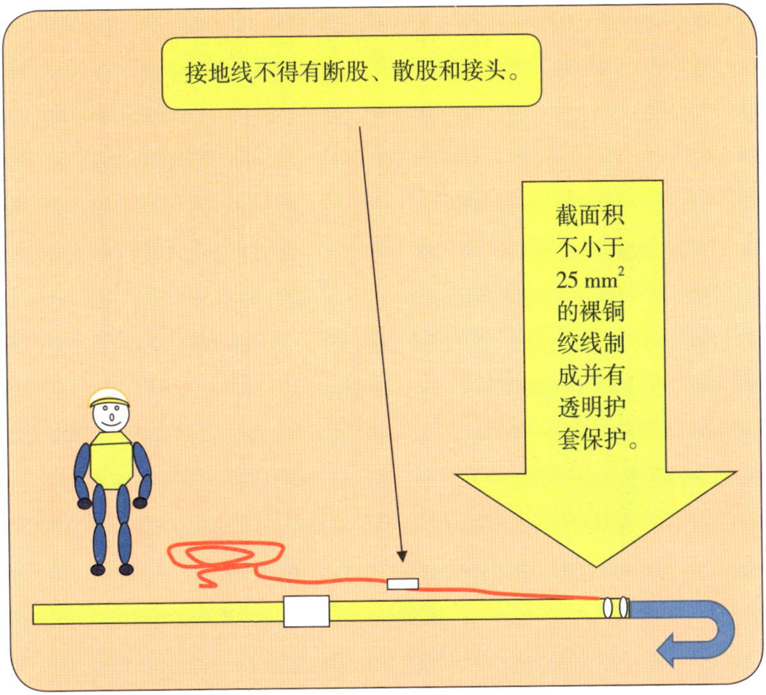

第七十三条 接地线应使用截面积不小于25 mm²的裸铜绞线制成并有透明护套保护。接地线不得有断股、散股和接头。

第七十四条 接地线应可靠接在钢轨上，且不应跨接在钢轨绝缘两侧、道岔尖轨处，必须跨接在钢轨绝缘两侧时，应封闭线路。地线穿越或跨越股道时，必须采取绝缘防护措施。

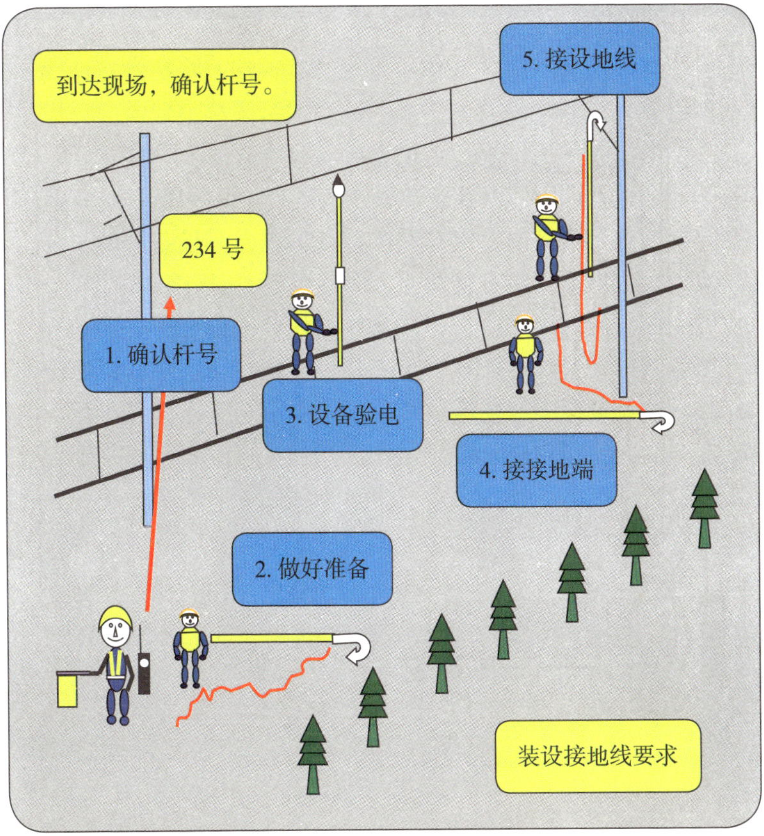

第七十五条 当验明确已停电后，须立即在作业地点的两端和与作业地点相连、可能来电的停电设备上装设接地线。如作业区段附近有其他带电设备时，按本规则第六十二条规定，并在需要停电的设备上也装设接地线。

在装设接地线时，先将接地线的一端接地；再将另一端与被停电的导体相连。拆除接地线时，其顺序相反。接地线要连接牢固，接触良好。

装设接地线时，人体不得触及接地线，接好的接地线不得侵入未封锁线路的限界。装设或拆除接地线时，操作人要借助于绝缘杆进行。绝缘杆要保持清洁、干燥。

当作业内容不涉及正馈线、回流线（保护线），及其他停电线路及设备时，对这些不涉及的线路和设备可不装设接地线，但要按照有电对待，保持规定的安全距离。

停电天窗时间内，使用接触网作业车或专用车辆进行接触网巡视或检测作业，可不装设接地线。不装设接地线时，作业过程中禁止攀登平台、车顶和支柱。

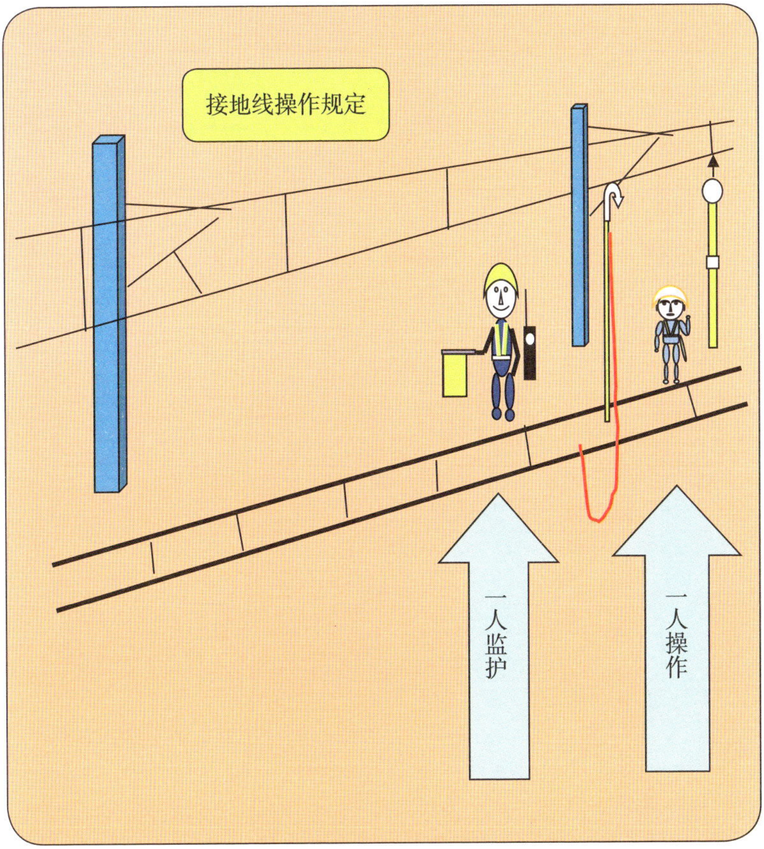

第七十六条 验电和装设、拆除接地线必须由两人进行，一人操作，一人监护。

第七十七条 接地线位置应处在停电范围之内，作业地点范围之外。在停电作业的接触网附近有平行带电的高压电力线路或接触网时，为防止感应电压，除按规定装设接地线外，还应增设接地线。

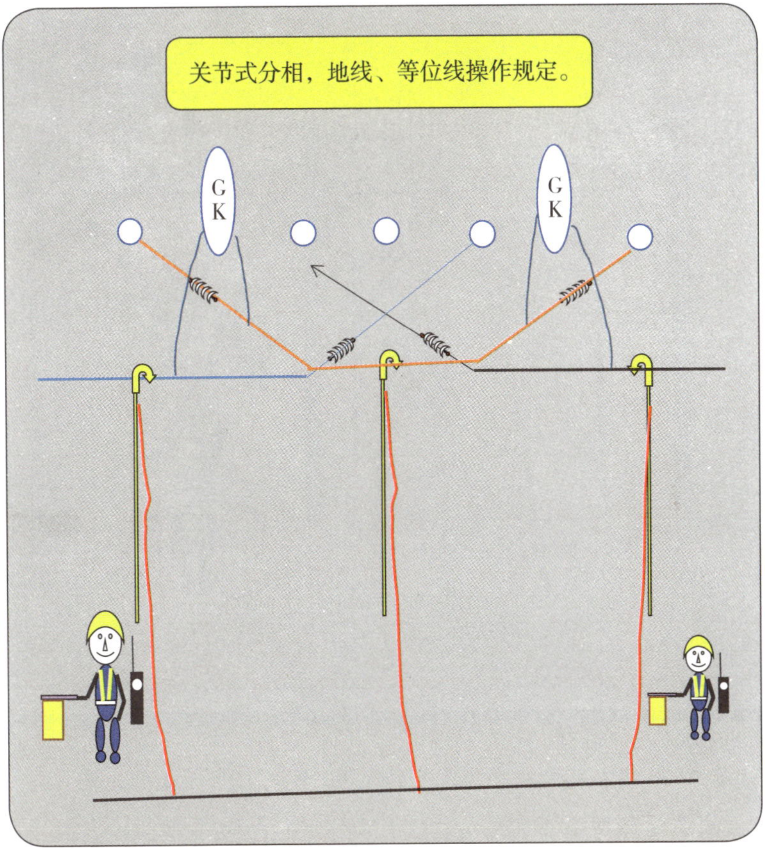

第七十八条　关节式分相检修时，除在作业区两端装设接地线外，还应在中性区上增设地线，并将断口进行可靠等位短接。

第七十九条 工作票中规定的作业任务完成后，由工作领导人确认具备送电、行车条件，清点作业人员、机具、材料等，确认没有遗留后全部撤至安全地带，拆除接地线，通知要令人请求消除停电作业命令。

停电命令消除后，人员、机具必须与接触网设备保持规定的安全距离；作业车辆驶出封锁区间（站场）或人员及机具撤离至铁路防护栅栏以外后，方可消除行车封锁（邻线限速）命令。

几个作业组同时作业，当作业结束时，每个作业组须分别向供电调度申请消除停电作业命令。

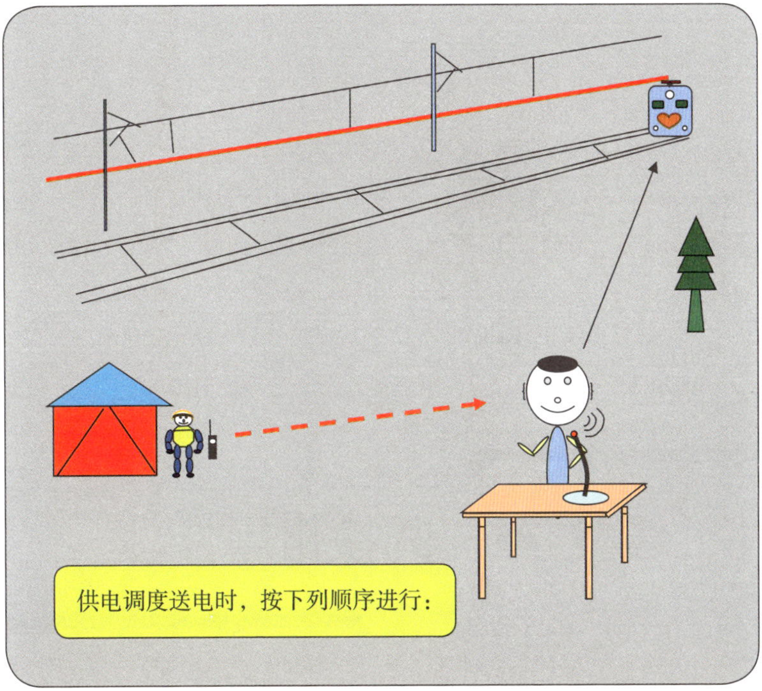

第八十条 供电调度送电时按下列顺序进行：

（一）确认整个供电臂所有作业组均已消除停电作业命令。

（二）按照规定进行倒闸作业。

（三）通知列车调度员接触网已送电。

第七章　间接带电作业

第八十一条 遇有雨、雪、重雾、霾等恶劣天气、或空气相对湿度大于 85% 时，一般不进行间接带电作业。

第八十二条 间接带电作业人员在接触工具的绝缘部分时应戴干净的手套，不得赤手接触或使用脏污手套。

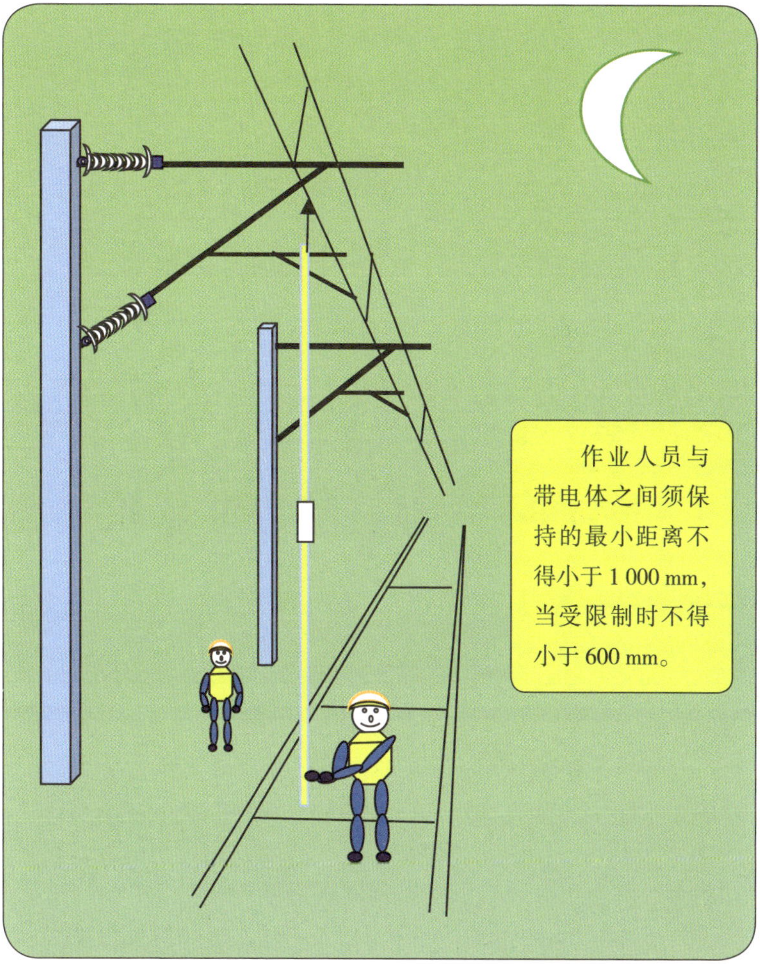

第八十三条 间接带电作业时，作业人员（包括其所携带的非绝缘工具、材料）与带电体之间须保持的最小距离不得小于 1 000 mm，当受限制时不得小于 600 mm。

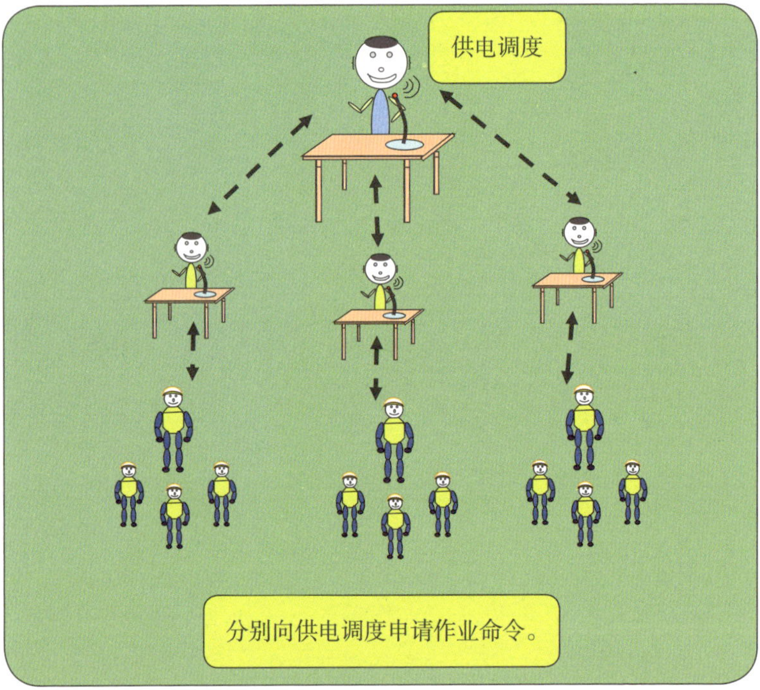

第八十四条 每次作业前，由工作领导人指定安全等级不低于三级的作业组成员作为要令人员向供电调度员申请作业命令。在申请作业命令时，要说明间接带电作业的范围、内容、时间和安全防护措施等。

几个作业组同时作业时，每一个作业组须分别设置安全防护措施，分别向供电调度申请作业命令。

第八十五条 供电调度在发布间接带电作业命令前，要做好下列工作：

（一）将所有的间接带电作业申请进行综合安排，审查作业内容和安全防护措施，确定作业地点、范围和安全防护措施。

（二）撤除有关馈线断路器的重合闸。

（三）在发布间接带电作业命令时，经受令人认真复诵并确认无误后，方可发布命令编号和批准时间。每次进行间接带电作业时，发令人将命令内容填写在“作业命令记录”中，受令人要填写“接触网间接带电作业命令票”。

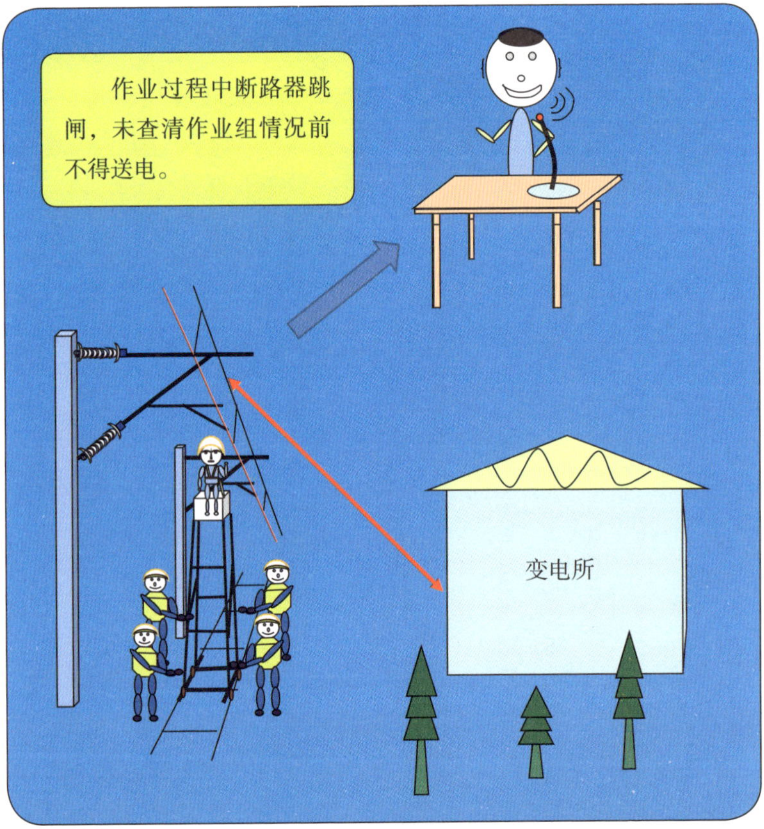

第八十六条 在作业过程中如果发现馈电线的断路器跳闸，供电调度员在未查清作业组情况前不得送电。作业组如果发现接触网无电时，要立即向供电调度报告。

第八十七条 作业任务完成，清点全部作业人员、机具、材料并撤至安全地带后，由工作领导人宣布结束作业，通知要令人向供电调度员申请消除间接带电作业命令。

几个作业组同时作业时，要分别向供电调度申请消除间接带电作业命令。

确认作业组已经结束作业，确认供电臂内所有的作业组均已消除间接带电作业命令。

第八十八条 供电调度员确认作业组已经结束作业，不妨碍正常供电和行车后，给予消除作业命令时间，双方均记入记录中，整个间接带电作业方告结束。

供电调度员确认供电臂内所有的作业组均已消除间接带电作业命令，方能恢复有关馈线断路器的重合闸。

第八十九条 间接带电作业工作领导人不得直接参加操作，必须在现场不间断地进行安全监护。

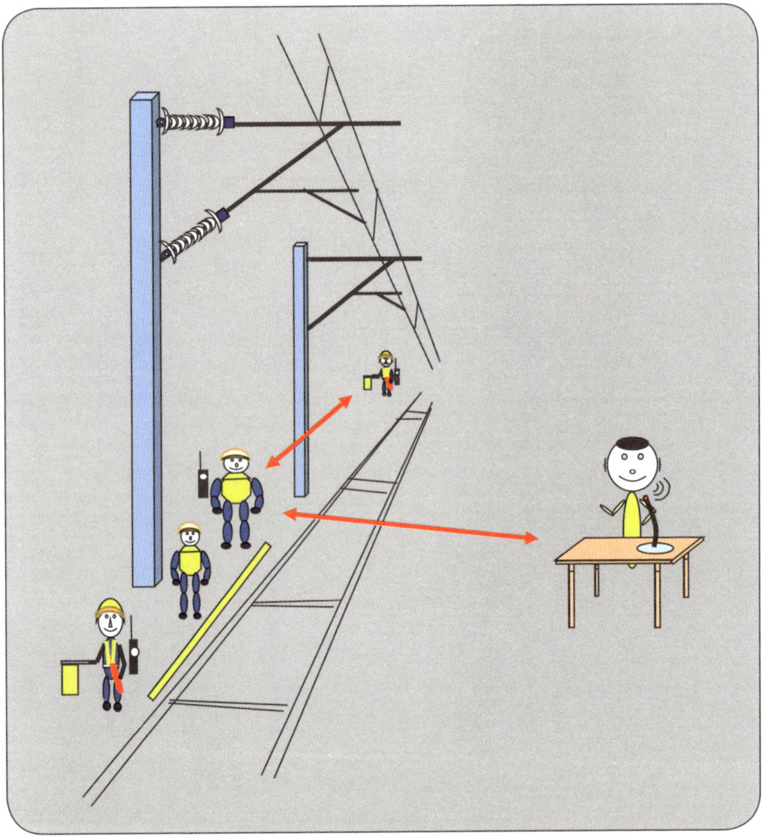

第九十条 工作领导人在作业前检查工具良好，确认联络员和行车防护人员已全部就位，通信联络工具状态良好，间接带电作业命令程序办理完毕，所采取的安全及防护措施全部落实后，方能向作业组下达作业开始的命令。

第九十一条 间接带电作业的项目及具体要求由各铁路局制定。

第八章　倒闸作业

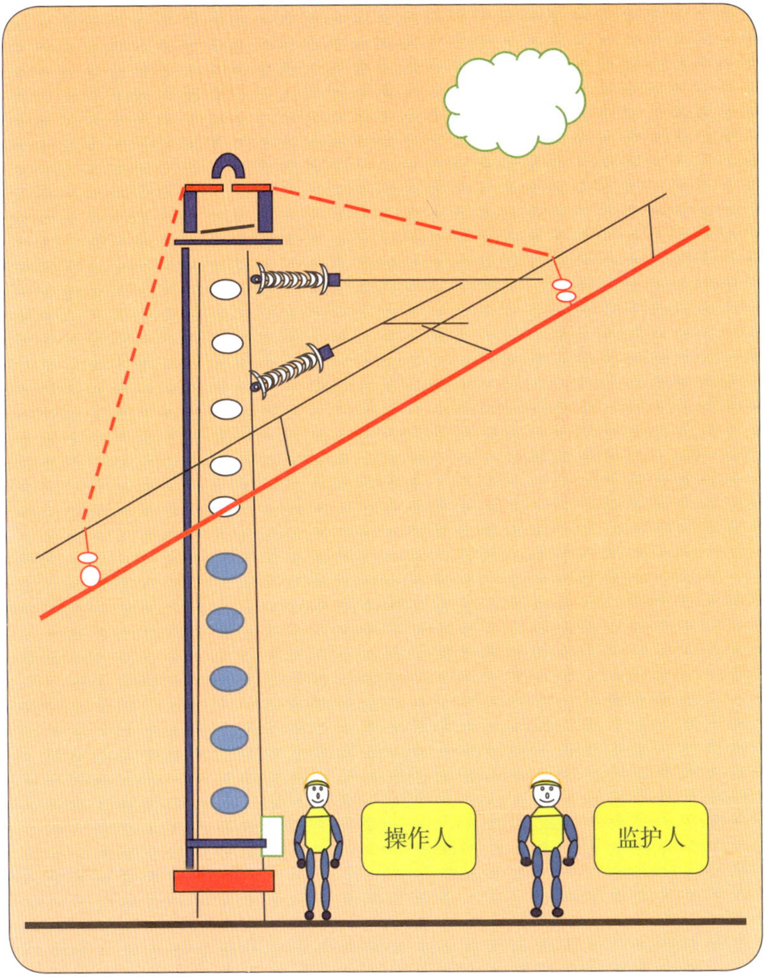

第九十二条 接触网倒闸作业执行一人操作、一人监护制度。

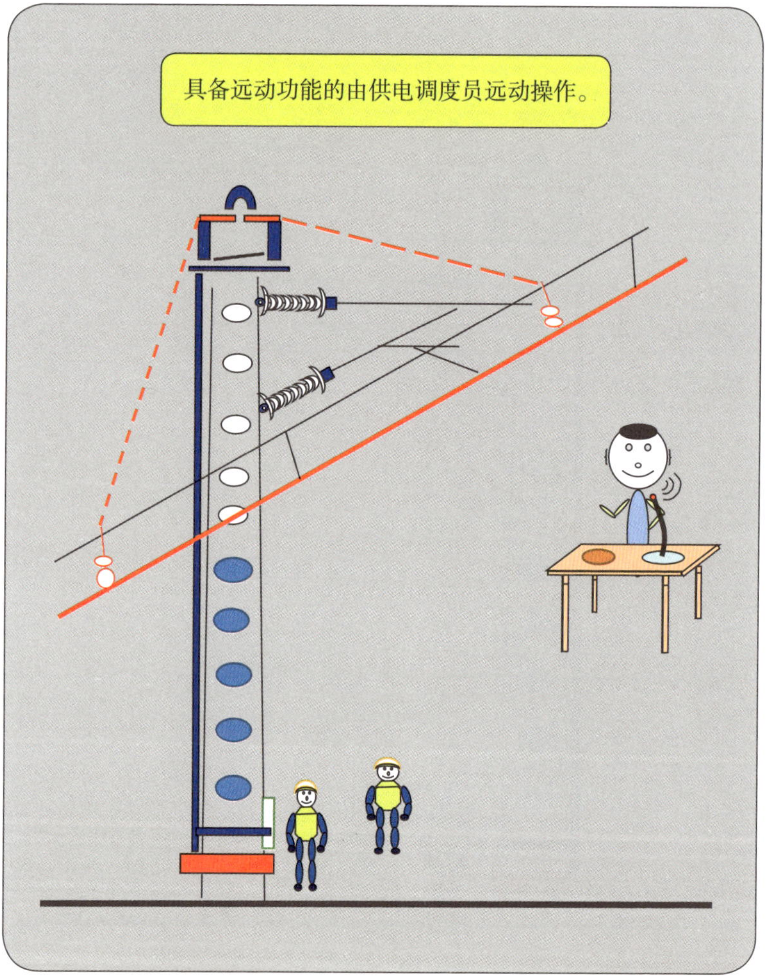

第九十三条 接触网隔离开关、负荷开关的倒闸作业，具备远动功能的由供电调度员远动操作。不具备远动功能或远动功能失效时，由供电调度员发布倒闸命令，作业人员当地操作。

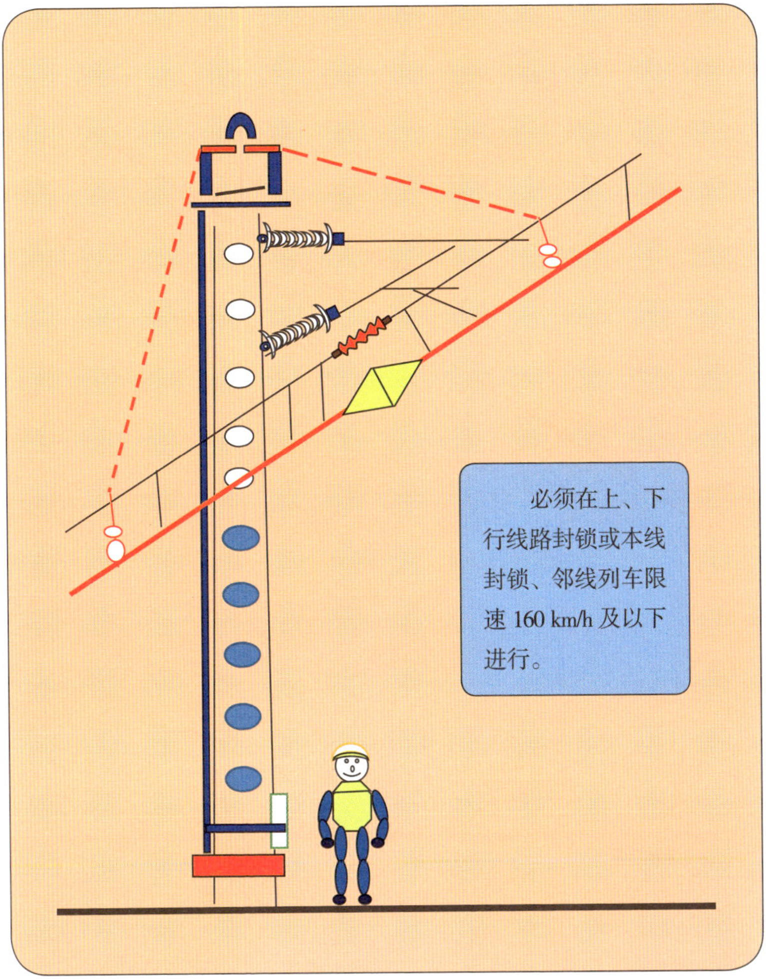

第九十四条 在高速铁路防护栅栏内进行当地倒闸作业时，必须在上、下行线路封锁或本线封锁、邻线列车限速 160 km/h 及以下进行。

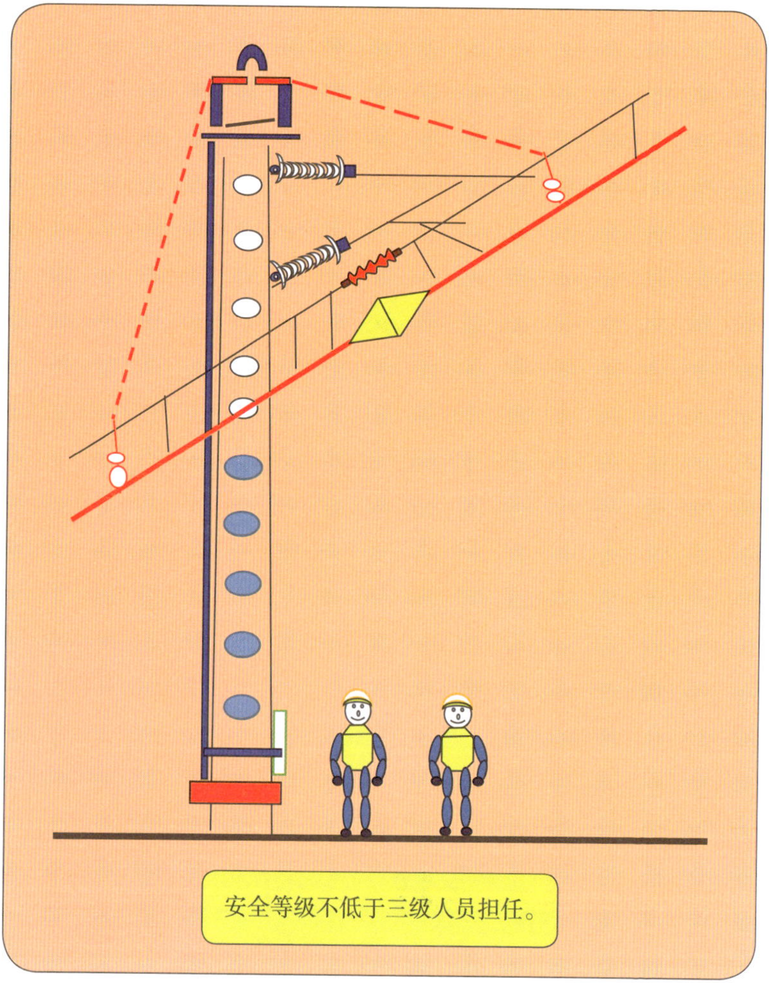

第九十五条 从事隔离开关、负荷开关现场倒闸作业人员应由安全等级不低于三级人员担任。

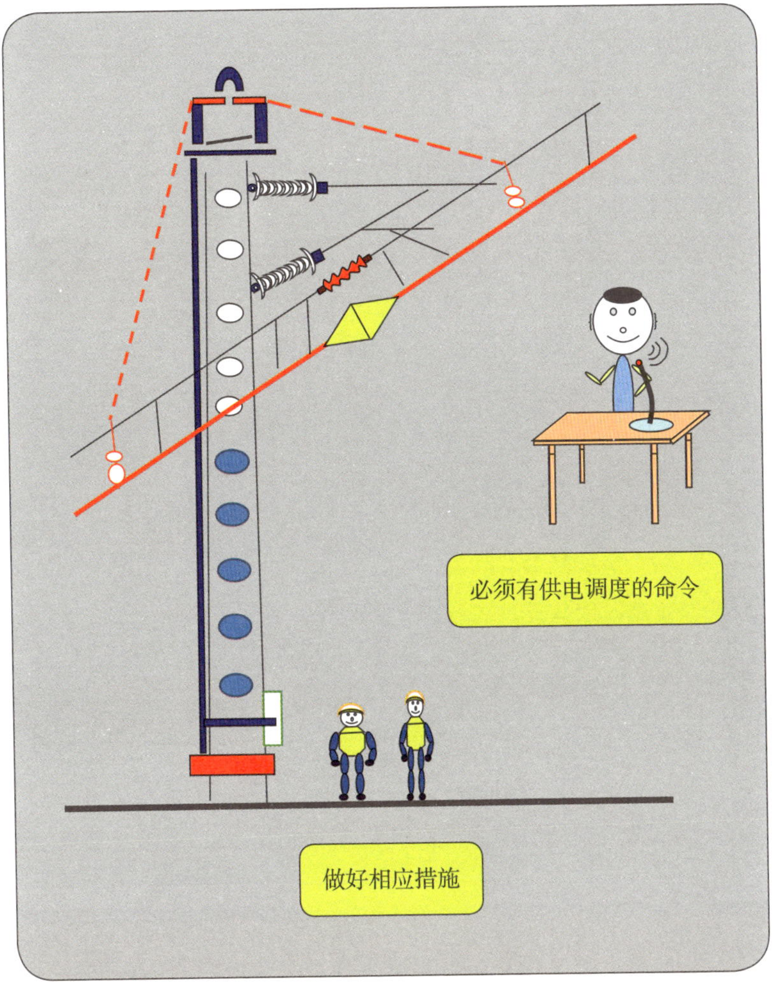

第九十六条 接触网作业人员进行隔离开关、负荷开关倒闸时，必须有供电调度的命令；对动车所等单位有权操作的隔离开关，接触网作业人员倒闸作业之前，须告知该单位主管负责人，并共同确认做好相应措施。

第九十七条　在申请倒闸命令时，先由安全等级不低于三级的要令人向供电调度提出申请，供电调度员审查无误后发布倒闸命令；要令人受令复诵，供电调度员确认无误后，方可给命令编号和批准时间；每次倒闸作业，发令人要将命令内容记录，受令人要填写“隔离（负荷）开关倒闸命令票”。

操作准确迅速，一次开闭到位，中途不得停留和发生冲击。

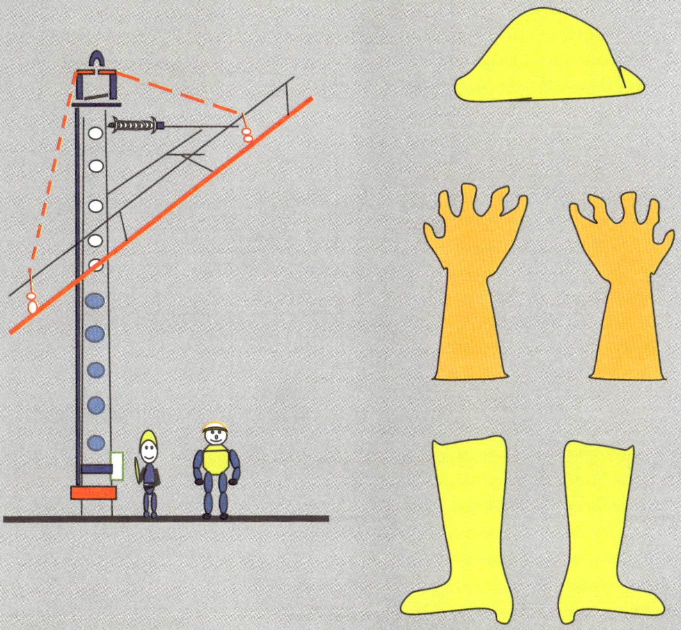

第九十八条 操作人员接到倒闸命令后，必须先确认开关位置和开合状态无误，再进行倒闸。倒闸时操作人必须戴好安全帽和绝缘手套，穿绝缘靴，操作准确迅速，一次开闭到位，中途不得停留和发生冲击。

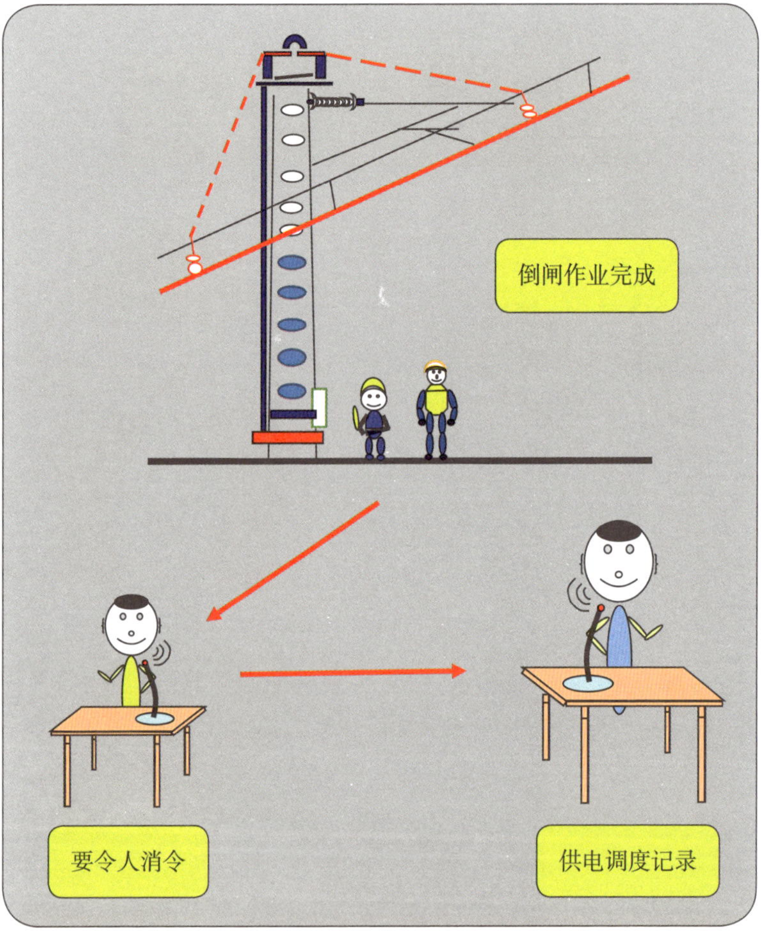

第九十九条 倒闸作业完成，确认开关开合状态无误后，向要令人报告倒闸结束，由要令人向供电调度员申请消除倒闸作业命令。供电调度员要及时发布完成时间和编号并进行记录，要令人填写“隔离（负荷）开关倒闸完成报告单”。

第一百条 遇有危及人身或设备安全的紧急情况，可以不经供电调度批准，先行断开断路器或有条件断开的负荷开关、隔离开关，并立即报告供电调度。但再闭合时必须有供电调度员的命令。

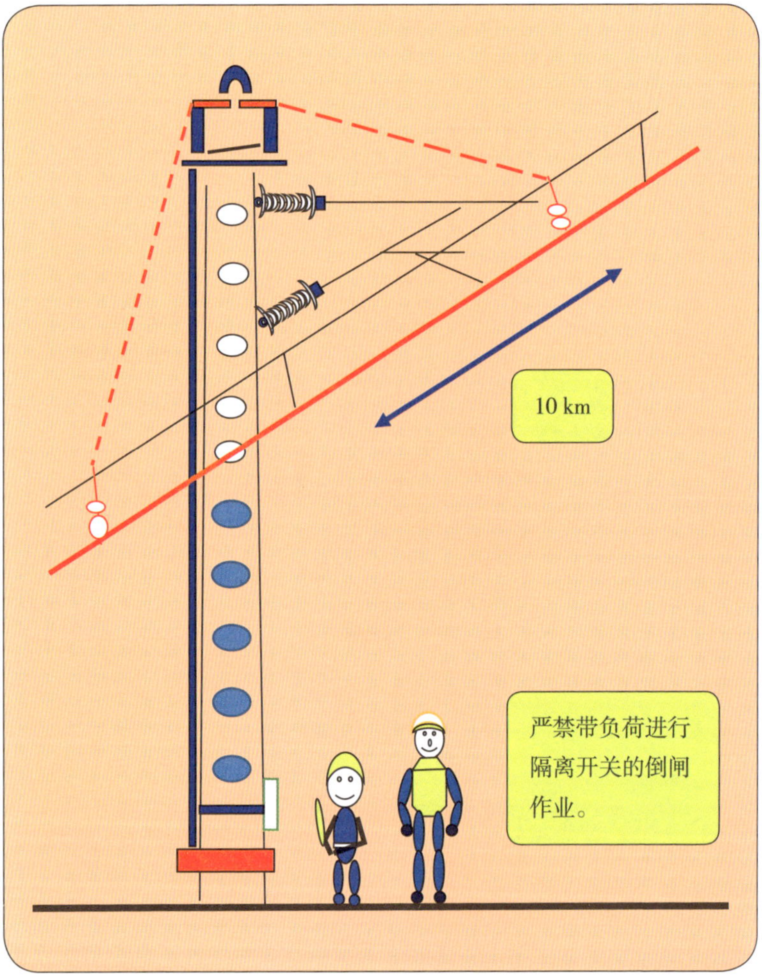

第一百零一条 严禁带负荷进行隔离开关的倒闸作业。严禁利用隔离开关或负荷开关对故障线路进行试送电。隔离开关可以开、合不超过 10 km（延长公里）线路的空载电流，超过时，应经过试验，并经铁路局批准。

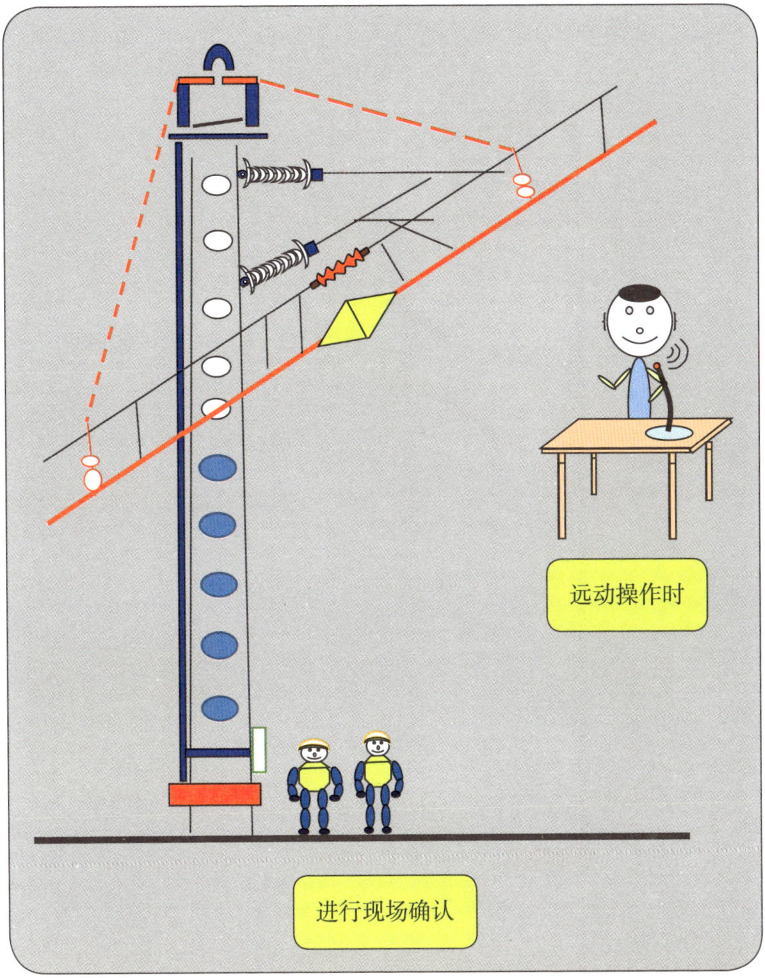

第一百零二条 远动操作时，供电调度员应通过调度端显示的遥信信号对开关位置进行确认，现场有作业人员时，还应进行现场确认。

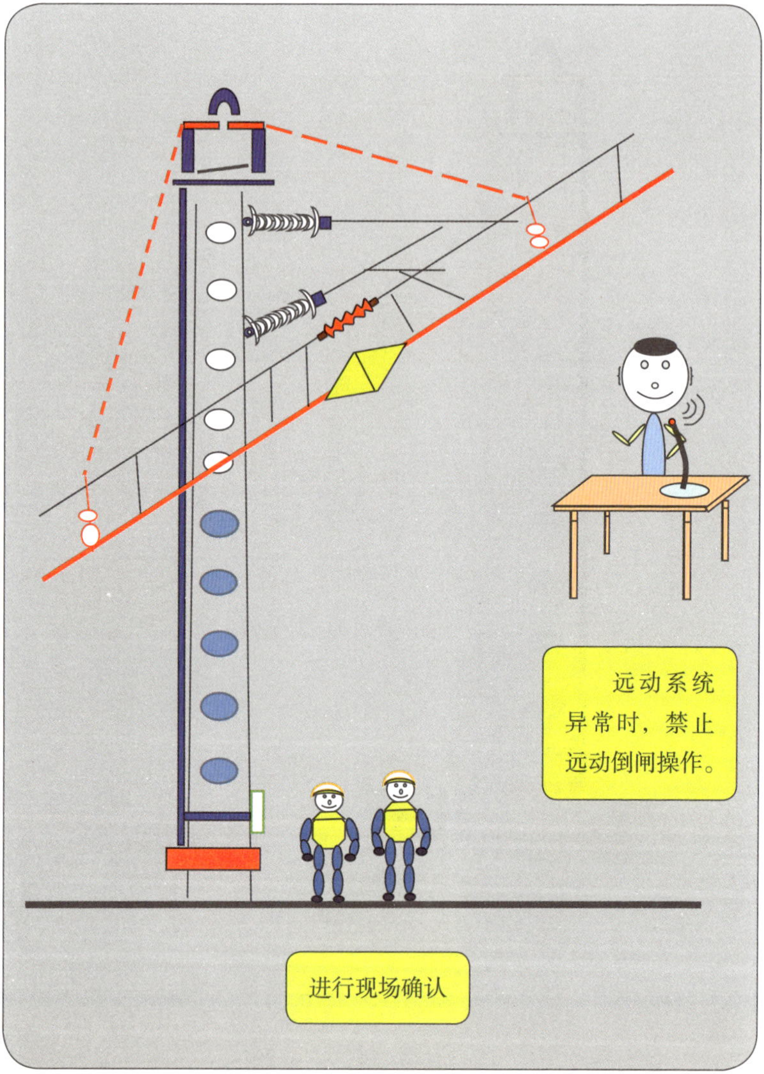

第一百零三条 远动系统异常时，禁止远动倒闸操作。遇开关位置信号异常时，应立即安排人员现场确认。

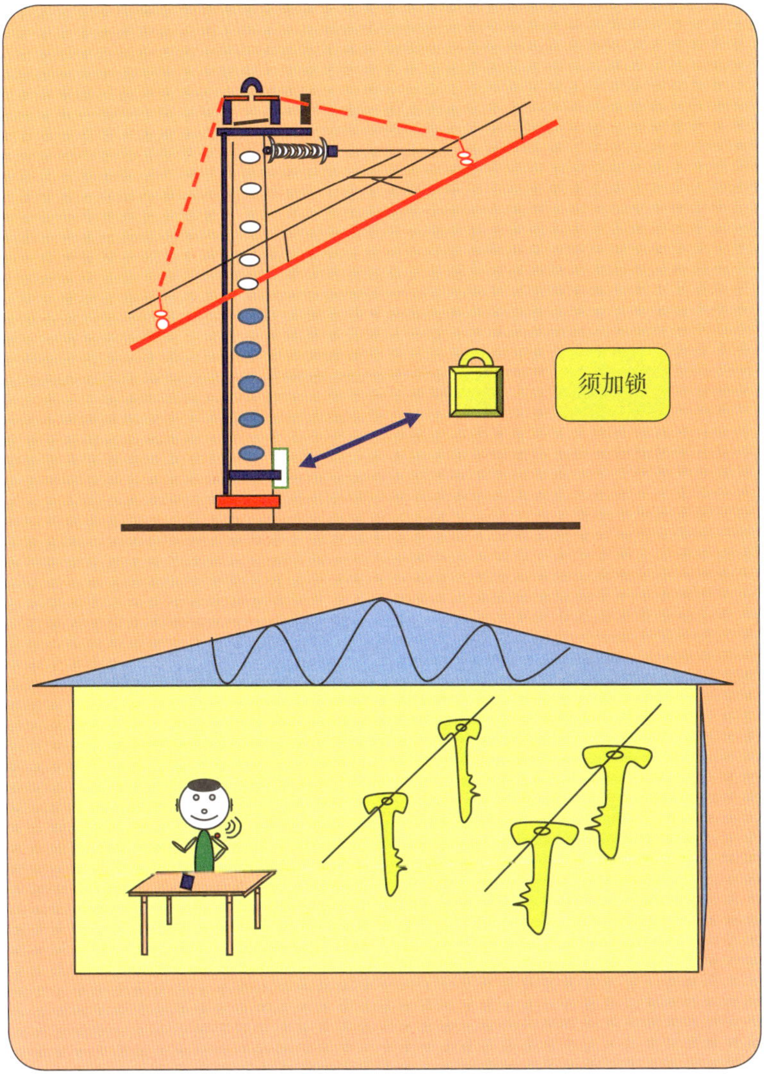

第一百零四条 隔离开关、负荷开关的机构箱或传动机构须加锁，钥匙应存放于固定地点并由专人保管。

第九章　作业区防护

第一百零五条 进行接触网施工或维修作业时，应在列车调度台，或车站（动车所）行车室设联络员，施工及维修地点设现场防护人员。要求如下：

（一）联络员和现场防护人员应由指定的、安全等级不低于三级人员担任。

（二）在车站行车室设驻站联络员时，区间作业，驻站联络员设在该区间相邻车站的行车室；车站作业，驻站联络员设在本站行车室。

（三）作业区段按照规定距离设置现场防护人员，防护人员担当行车防护同时可负责监护接触网停电接地封线状态。防护人员不得侵入机车车辆限界。

现场防护人员应站在维修地点附近、且瞭望条件较好的地点进行防护，显示停车手信号。

第一百零六条 接触网施工维修作业防护按照《铁路技术管理规程》相关规定执行。接触网维修作业，现场防护人员应站在维修地点附近、且瞭望条件较好的地点进行防护，显示停车手信号。

第一百零七条　当设备发生故障，需在双线区间的一线上道检查、处理设备故障时，须进行防护，本线、邻线可不设置防护信号，司机应加强瞭望，具体防护办法由铁路局制定。

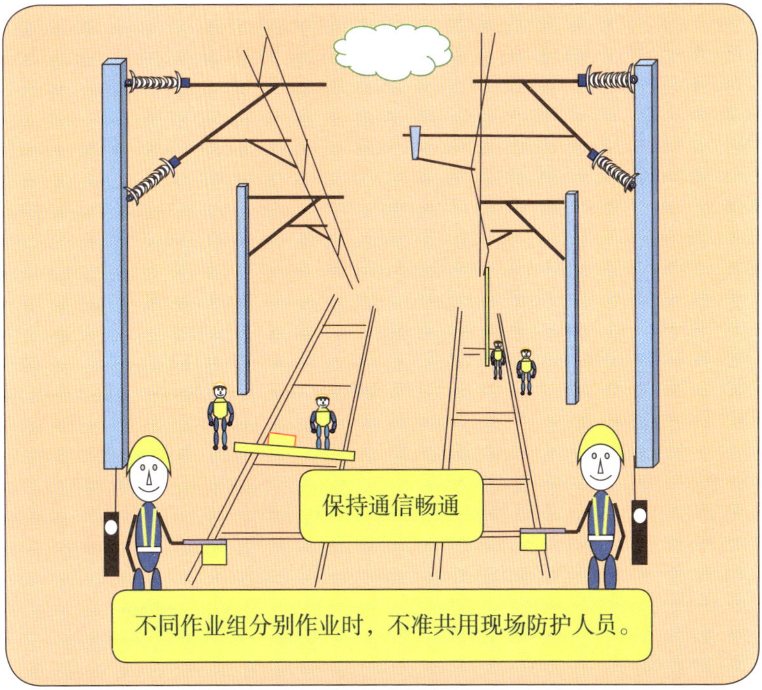

第一百零八条 作业过程中，联络员、现场防护人员与现场工作领导人之间必须保持通信畅通并定时联系，确认通信良好。一旦联控通信中断，工作领导人应立即命令所有作业人员下道，撤至安全地带。

不同作业组分别作业时，不准共用现场防护人员。在未设好防护前不得开始作业，在人员、机具未撤至安全地点前不准撤除防护。

第一百零九条 驻调度所（驻站）联络员、现场防护人员须做到：

（一）具备基本的行车知识，熟悉有关行车防护知识，驻调度所（驻站）联络员还应熟悉列车调度台及车站行车室有关设备显示。

（二）熟悉有关防护及通信工具的使用方法及各种防护信号的显示方法，每次出工前应检查通信工具是否良好，行车防护用品携带齐全、有效。

（三）作业期间坚守岗位，思想集中，及时、准确、清晰地传递行车信息和信号，作业未销记前，不得撤离工作岗位。

（四）不得影响其他线路上列车正常运行。

第十章　附　　则

第一百一十条 本规则由中国铁路总公司运输局负责解释。

第一百一十一条 本规则自 2014 年 10 月 1 日起施行。